Sabine Lohf

Die große HOLZ Werkstatt

GERSTENBERG

Die Bastelanleitungen in diesem Buch sind sorgfältig erwogen und mehrfach geprüft worden. Eine Garantie oder Haftung der Autorin oder des Verlages ist ausgeschlossen.

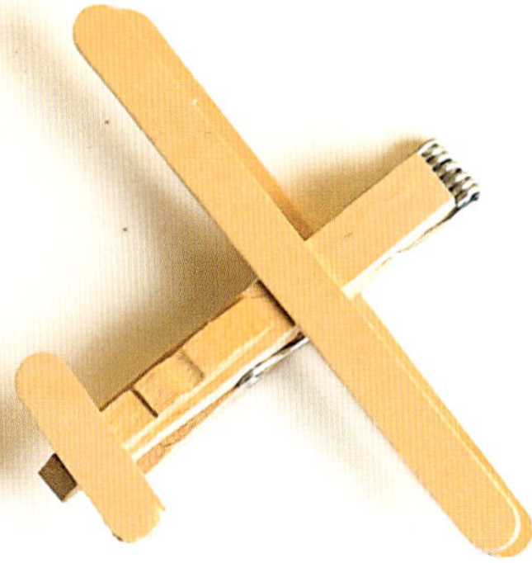

MIX
Papier | Fördert gute Waldnutzung
FSC® C106600

3. Auflage 2024

Idee, Konzept, Text, Fotos & Gestaltung:
Sabine Lohf, Bad Nenndorf
Litho: typocepta, Köln
Druck: DZS Grafik, Ljubljana
Printed in Slovenia
Gerstenberg Verlag GmbH & Co. KG,
Rathausstraße 18–20, D-31134 Hildesheim
verlag@gerstenberg-verlag.de
ISBN 978-3-8369-5615-4

PRODUZIERT IN DER EUROPÄISCHEN UNION

Weitere spannende Sachbücher findest du auf unserer Homepage:
www.gerstenberg-verlag.de

HOLZ

Herzlich Willkommen in der großen Holzwerkstatt! Holz ist ein spannender und vielseitiger Werkstoff. Er bietet unendlich viele Bearbeitungsmöglichkeiten. Aber bevor du loshämmerst und -sägst, magst du vielleicht erst einmal spüren: Wie fühlt sich das Holzstück an? Ist es glatt oder rau? Schwer oder leicht? Hart oder weich? Und wie sieht es aus? Was verbirgt sich unter der Borke? Jedes Holzstück ist einzigartig! Das macht es so besonders, mit diesem Werkstoff zu arbeiten.

Holz ist ein Naturmaterial. Wenn du mit verschiedenen Hölzern experimentierst, damit bastelst und baust, bekommst du auch eine Ahnung von der Vielfalt und dem Wert der Natur. Denn unsere Wälder, in denen das Holz wächst, sind unschätzbar wertvoll für uns. Dieses Buch möchte dich dazu einladen, hinauszugehen und den Wald kennenzulernen. Auf Seite 6/7 bekommst du viele Tipps für deinen nächsten Spaziergang unterm Blätterdach.

Aber auch Sägewerke, Tischlereien und Baumärkte sind eine wahre Fundgrube für Holzbastler. Erkundige dich nach Reststücken, die dort nicht mehr gebraucht werden. Anstatt in die Abfalltonne wandern sie auf deine Werkbank. Schatzkisten, Nagelmonster, Wasserräder und selbst gemachte Bauklötze – du wirst staunen, was für tolle Dinge du basteln kannst!

Hast du dich schon einmal bei dir zu Hause umgesehen, was alles aus Holz ist? Viele Alltagsgegenstände sind daraus gefertigt. Auch sie kannst du zum Basteln verwenden. So wird aus einem Handfeger ein Pferdchen für dein Puppentheater und aus Wäscheklammern dein eigener Kicker.

Über 150 kreative Bastelideen rund ums Thema Holz sind in diesem Buch versammelt. Du kannst hämmern, schrauben und sägen, aber auch ganz einfach kleben, malen und stapeln. Das Tolle ist: Deine fertigen Bastel-Kunstwerke sind nicht nur zum Anschauen da, sondern zum Spielen, Musik-Machen, Experimentieren und vieles mehr!

Und du wirst sehen: So einzigartig wie jedes Holzstück werden auch deine Bastelwerke. Die Anleitungen in diesem Buch sollen eine Hilfestellung sein, die Bilder dich inspirieren. Dein eigenes Borkenfloß, deine eigenen Eisstiel-Flieger und dein eigenes Vogelhäuschen müssen nicht genauso aussehen, denn dann wären es ja nicht deine eigenen. In diesem Sinne:

Viel Spaß beim Suchen, Sammeln, Basteln und Spielen!

Inhalt

Suchen und sammeln

Aus der Restekiste

Bretter und Platten

Leisten, Latten, Rundstäbe

Klammern, Löffel, Bürsten

Waldknigge

Um ein Gefühl für Holz zu bekommen, gehst du am besten in den Wald. Dort findest du nicht nur lebende Bäume, sondern auch abgesägte Holzstämme, Borkenstücke und Stöcke. Betaste die Stämme verschiedener Bäume. Vielleicht magst du sie sogar umarmen? Na, wie fühlt sich das an?

Bei einem Spaziergang im Wald solltest du einige Verhaltensregeln beachten, denn der Wald ist ein Lebensraum für viele Tiere und Pflanzen, der nicht aus dem Gleichgewicht gebracht werden darf. Gehe sorgfältig mit ihm um! Außerdem haben Wälder Eigentümer. Das können Privatleute sein oder auch die Bundesländer oder Städte. Informiere dich beim Besitzer des Waldes über die Regeln, die dort gelten.

Hilfe, ein Wildschwein! Ach, doch nicht, es ist nur ein Baumstumpf ...

Ein Ameisenhaufen

Dieser Baum hat bemooste „Füße“.

Sammeln von Holz

Stöcke, die am Boden liegen, Borkenstücke und von Forstarbeitern abgesägte Holzscheiben darfst du in kleinen Mengen für den privaten Gebrauch sammeln. Äste selbst abzureißen oder abzusägen ist verboten. Wenn du einmal etwas mehr Holz brauchst, wende dich an den Förster. Er stellt dir einen Holzsammelschein aus. Das gilt auch für Kindergarten- oder Schulgruppen.

Waldameisen

Wie jedes Tier im Wald hat die Ameise eine wichtige Funktion in diesem Lebensraum. Ihre Nahrung sind zum Beispiel bestimmte Insekten, die als Baumschädlinge gelten. Stochere also nicht in Ameisenhaufen herum oder tritt gar hinein. Beobachte nur, wie diese kleinen, fleißigen Tiere arbeiten.

Bäume

Das Einschneiden der Borke verletzt einen Baum und fügt ihm Wunden zu, in die Schädlinge eindringen können. Also ritze keine Liebesbeweise oder andere Botschaften hinein!

Hochsitze

Diese dürfen nur von befugten Personen betreten werden. Das gilt auch für Jagdhütten und andere forstwirtschaftliche Einrichtungen.

Hier plätschert ein Waldbach entlang.

Holzpolter sind nicht zum Klettern da.

Bäche

Hier kannst du im Sommer deine Füße kühlen, aber du darfst das Wasser nicht aufstauen. Dafür sind die Biber zuständig.

Lagerfeuer und Grillen

Beides ist nur an gekennzeichneten Feuerstellen erlaubt. Informiere dich bei deiner Gemeinde über die Brandschutzbestimmungen.

Klettern

Das macht auf Bäumen besonders viel Spaß. Aber: Im Wald kletterst du auf eigene Gefahr! Achte darauf, brütende Vögel und andere Tiere nicht zu stören und den Baum nicht zu verletzen. Das Klettern auf Holzpoltern ist verboten, da die aufgeschichteten Stämme sich lösen und auf dich fallen könnten.

Hunde

Auch Hunde, die gut gehorchen und keinem Wild hinterherjagen, müssen vielerorts angeleint werden. Informiere dich beim Waldbesitzer über die geltenden Regeln.

Ein Sägeplatz im Wald. Spüre mal: Wie fühlen sich Sägespäne an?

Zwischen den Sägespänen lag diese lustige Holzscheibe. Mit ein paar Filzstiftstrichen wurde daraus ein Waldgesicht.

Spielen im Wald

Mit Stöcken, abgesägten Hölzern und anderen Fundstücken kannst du auch gleich im Wald basteln und spielen. Plötzlich schaut ein Borkengeist hinter einem Baum hervor oder ein freches Wildschwein lugt um die Ecke. Vielleicht magst du auch einen Baum zum Lachen bringen, indem du ihm ein Gesicht aus Knete aufklebst? Holzscheiben lassen sich prima mit Filzstiften bemalen.

Für deinen nächsten Besuch im Wald solltest du also Schere, Knete, Stifte, Bindfäden und Klebeband in deinen Rucksack packen. Nimm die künstlichen Materialien, die du verwendet hast, wieder mit. Sie können den empfindlichen Lebensraum der Tiere und Pflanzen dort stören. Du kannst deine Basteleien auf Fotos festhalten.

Was Holz alles kann

Holz ist ein vielseitiges Material. Es verfügt über eine ganze Reihe spannender Eigenschaften, die du so vereint in einem anderen Werkstoff nicht finden wirst. Hier sind ein paar Beispiele:

Mit einem Blatt als Segel schwimmt das Borkenstück noch besser.

Holz schwimmt

Lass ein Stück Borke oder ein Brett auf einem Teich oder in einer mit Wasser gefüllten Wanne schwimmen. Du kannst damit experimentieren: Versuche, das Holz unterzutauchen, dann lass es plötzlich los. Was passiert? Wie viele Steine kannst du auf das Holz laden, bis es untergeht?

Holzfeuer knistert schön und riecht gut.

Holz brennt

Ein Lagerfeuer ist schön und auch sehr gemütlich. In der Glut kannst du Kartoffeln garen und über den Flammen Stockbrot rösten. Ein Feuer darfst du aber nie allein entfachen. Es sollte immer ein Erwachsener dabei sein. Beachtet, dass die Feuerstelle gut gesichert sein muss, damit das Feuer sich nicht ausbreiten kann: zum Beispiel mit einem Ring aus Steinen oder durch einen Feuerkorb.

Wenn das Feuer ausgebrannt ist, bleiben verkohlte Reste zurück. Damit kannst du malen. Das funktioniert auch mit Holzkohle oder mit den Spitzen von abgebrannten Streichhölzern.

Holz klingt

Wenn du verschiedene Hölzer aufhängst und mit einem Kochlöffel dagegenschlägst, hörst du ganz unterschiedliche Töne. Buche klingt anders als Eiche, längere Holzstücke klingen anders als kürzere, feuchte anders als trockene. Probiere es aus!

Dieses Windspiel findest du auf Seite 121.

Holz ist flexibel

Dass Holz sich biegen kann, ohne gleich zu brechen, hilft den Bäumen in der Natur. Bei Wind können sie sich zur Seite neigen, und Tiere, die bis zur Astspitze klettern, machen ihnen nichts aus.

Auch Bastler machen sich diese Eigenschaft des Holzes zunutze. Besonders biegsam sind Zweige von Haselnusssträuchern oder auch frische Weidenzweige. Du bekommst sie in Gärtnereien oder Baumschulen. Daraus lassen sich Körbe flechten und Kugeln formen.

Große Flechtkunst! Ein Tipi aus Weidenzweigen

Holz ist stabil

Deshalb wird es auch für viele Alltagsgegenstände gebraucht. Schau einmal dein Werkzeug an: Wie viele Griffe sind aus Holz gemacht? Die Härte von Holz spürst du besonders, wenn du es zersägen oder einen Nagel hineinschlagen möchtest. Mach ein Experiment: Schlage Nägel in verschiedene Holzarten. Bei welcher Art geht es leichter, bei welcher schwerer?

So interessant kann Holz vermodern.

Holz vermodert

Totes Holz, das im Wald liegen bleibt und Witterung und Nässe ausgesetzt ist, vermodert nach einer Weile. Es wird zu einem neuen, wichtigen Lebensraum für viele Tiere und Pflanzen. Wenn du ein feuchtes Holzstück vom Waldboden aufhebst, findest du darunter bestimmt verschiedene Insekten, Käfer, Würmer und Schnecken.

Gegenstände und Möbel aus Holz, die der Witterung ausgesetzt sind (wie zum Beispiel eine Bank im Freien), sollten deshalb regelmäßig mit Holzschutz lackiert werden. Das gilt auch für Boote, die lange im Wasser liegen.

Willst du Holz bearbeiten und haltbar machen, musst du es gut und vor allem trocken lagern. Feuchte Fundstücke trocknest du am besten in der Sonne.

Und noch mehr ...

Holz fühlt sich schön an und es riecht gut, es bildet tolle Formen aus, ist langlebig und nachhaltig ... Du wirst sehen: Wenn du beginnst, dich mit Holz zu beschäftigen, wirst du immer mehr tolle Eigenschaften dieses wunderbaren Werkstoffs kennenlernen.

Die Werkzeuge

Hier siehst du die Werkzeuge, die in diesem Buch häufig benutzt werden. Vielleicht magst du erst einmal ausprobieren, welches dir am besten liegt. Dann beginne mit einer Bastelei, bei der dein Lieblingswerkzeug zum Einsatz kommt.

Schere (1)

Sie darf in keiner Bastelwerkstatt fehlen. Verwende sie, um überstehende Holzfasern ab- oder Schleifpapier zuzuschneiden. Um Stöcke zu kürzen, verwende eine Gartenschere

Schleifpapier (2)

Damit kannst du die Kanten von rauem Holz glätten. Das Papier gibt es in verschiedenen Körnungen. Willst du etwas ganz fein schleifen, brauchst du eine feine Körnung. Für dünne Bretter sowie für feine und geschwungene Formen ist Schleifpapier besser geeignet als die gröbere Feile (siehe 12).

Beiß- oder Kneifzange (3)

Ein falsch eingeschlagener Nagel lässt sich mithilfe einer Zange wieder herausziehen. Wenn du Obstkisten auseinandernehmen möchtest, entferne die Tackernägel mit einer Zange.

Schraubendreher (4)

Schrauben halten besser als Nägel, da sie sich fester im Holz verankern. Das solltest du bedenken, wenn du zum Beispiel Räder an ein Holzstück montieren möchtest. Achte darauf, dass die Spitze des Schraubendrehers zur Form und Größe des Schlitzes in den Schraubenköpfen passt.

Puksäge (5)

Sie lässt sich leichter handhaben als ein Fuchsschwanz und ist gut geeignet, um schnell einen dicken Stock durchzusägen.

Nagelbohrer (7)

Das einfachste Hilfsmittel, um Löcher vorzubohren.

Drillbohrer (8)

Dieser Bohrer „hilft mit“ und dreht sich halbmechanisch in das Holz. Eine Erleichterung, wenn das Material sehr

Handsäge (6)

Verwende sie zum Beispiel, um größere Formen auszusägen. Praktisch: Das Sägeblatt lässt sich leicht wechseln.

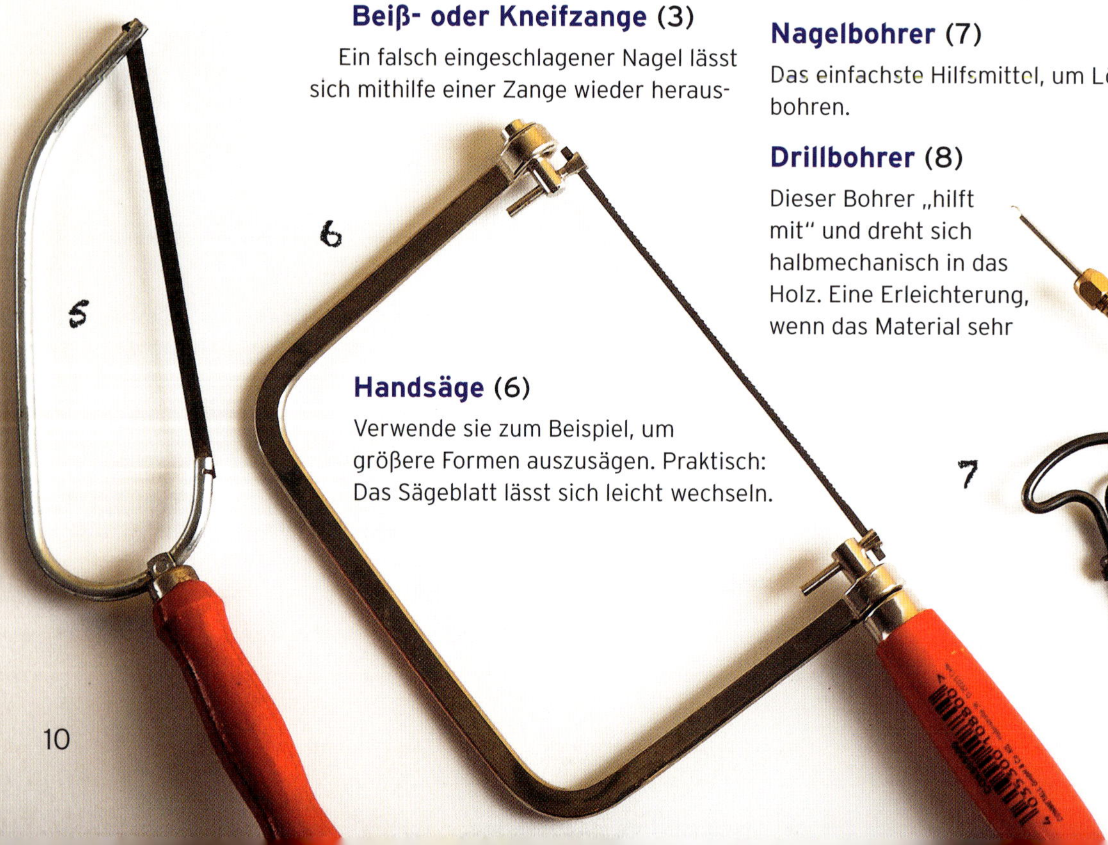

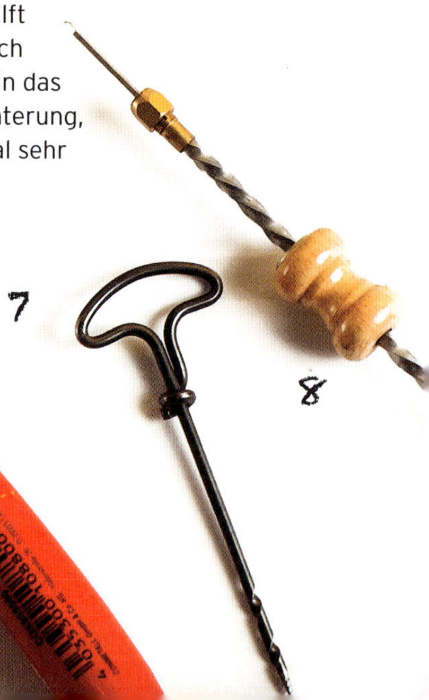

14

15

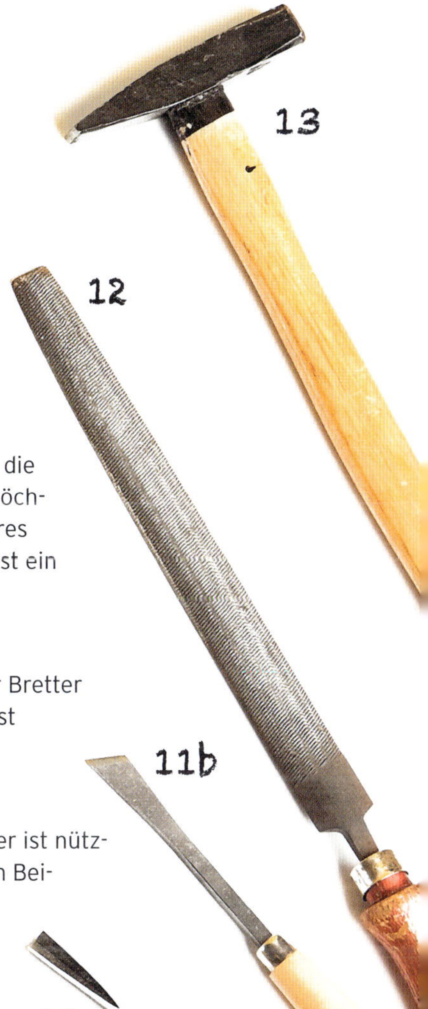

13

12

fest ist oder du viele Löcher bohren musst. Halte den Bohrer oben am Griff fest, setze ihn auf das Holzstück und schiebe das Mittelteil runter und rauf. Dabei dreht sich der Bohrer.

Fuchsschwanz (9)

Damit kannst du größere Holzscheite sägen. Das Blatt ist gröber gezahnt als bei anderen Sägen, deshalb braucht die Arbeit mit dem Fuchsschwanz meist etwas mehr Übung. Du musst die Säge so schieben und ziehen, dass das Blatt nicht im Holz verkantet. Lass dir dabei von einem Erwachsenen helfen!

Schnitzmesser (10)

Es lohnt sich, ein gutes Schnitzmesser anzuschaffen, denn je besser das Messer, umso leichter geht das Schnitzen. Tipp: Übe die richtige Technik an einer Mohrrübe!

Stechbeitel und Hohlmeißel (11a + 11b)

Damit kannst du Muster und Vertiefungen in Holzflächen schnitzen.

Feile (12)

Es gibt sie in verschiedenen Größen und Körnungen. Verwende sie zum Glätten oder auch Abrunden von Ecken und Kanten.

Hammer (13)

Es gibt verschiedene Typen von Hämmern. Je nachdem, wie dick die Nägel sind, die du einschlagen möchtest, ist ein größeres oder kleineres Exemplar empfehlenswert. Dies ist ein gängiger Schlosserhammer.

Schraubzwinge (14)

Befestige deine Werkstücke oder Bretter damit an der Werkbank. So kannst du sie besser bearbeiten.

Küchenmesser (15)

Auch ein einfaches Küchenmesser ist nützlich für die Holzbearbeitung, zum Beispiel, um die Rinde von Stöcken herunterzuschälen.

Laubsäge (16)

Sie ist ideal, um Kurven und Bögen in Bretter zu sägen.

11b

11a

10

9

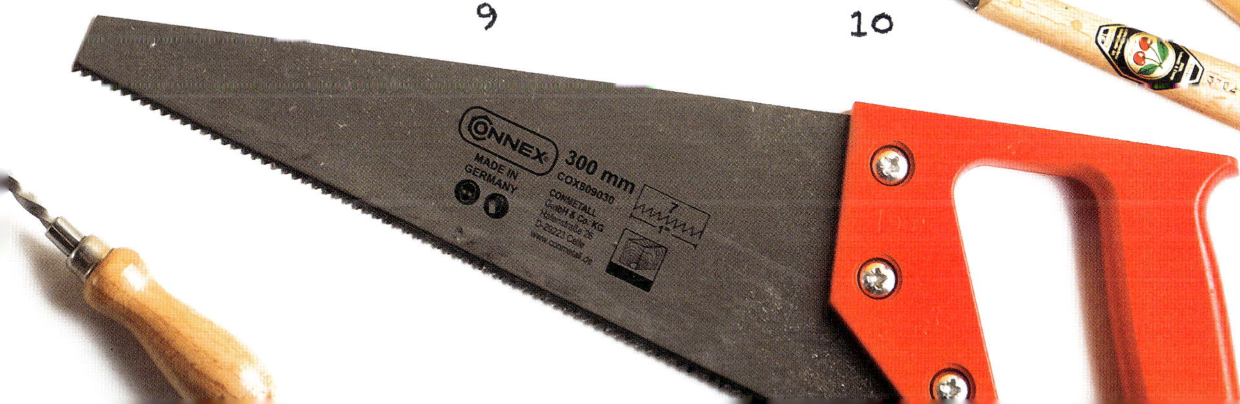

Tipps und Tricks

Woher bekommst du Holzreste?

In Tischlereien, Sägewerken und Baumärkten gibt es meist Holzabfälle in verschiedenen Stärken, Formen und Größen. Frag einmal nach! Vielleicht hast du Glück und bekommst das Holz geschenkt oder für wenig Geld.

Fertigteile

Lege dir einen Vorrat an Scheiben, Dübeln, Garnrollen, Perlen und anderen vorgefertigten Teilen aus Holz an. Bestimmt kannst du vieles vor dem Abfall retten, wenn du die Augen offen hältst. Mit Wäscheklammern bekommen kleine Figuren einen festen Stand, es lassen sich aber auch dünne Sperrholzteile damit zusammenklammern.

Lagerung

Obstkisten eignen sich hervorragend, um dein Rohmaterial, aber auch deine gebastelten Holzschätze aufzubewahren. Schau mal auf Seite 152 nach, was du Tolles aus zwei Obstkisten bauen kannst!

Arbeitsplatz

Für das Arbeiten mit Holz ist eine Werkbank ideal. Es gibt sie auch in niedrigeren Höhen extra für Kinder. Aber auch ein alter, standfester Tisch, der ruhig mal eine Kerbe abbekommen darf, ist gut geeignet. Eine dritte Möglichkeit: Lege eine Spanplatte auf einen Tisch und befestige sie an den Kanten mit Schraubzwingen.

Fixieren

Deine Werkstücke kannst du mit Schraubzwingen (siehe Seite 11) oder mit einem Schraubstock festklemmen. So rutscht das Holz nicht weg und du kannst es sicher bearbeiten. Auch wenn du gerade etwas zusammengeleimt hast, lassen sich die Teile so fixieren, bis der Klebstoff trocken ist.

„Kopieren"

Wenn du zwei identische Teile aus dünnem Sperrholz aussägen möchtest, lege zwei Holzplatten übereinander und tackere sie an den Rändern zusammen. Nun brauchst du die Form nur einmal auszusägen und bekommst zwei Exemplare.

Nageln

Für jeden Nagel gibt es den passenden Hammer. Wenn du einen Nagel an der falschen Stelle oder krumm eingeschlagen hast, kannst du ihn mit einer Kneifzange oder einem Klauenhammer wieder herausziehen.

Leimen

Am besten eignet sich ein Express-Holzleim, der schnell trocknet. Die Teile sollten damit schon nach dem ersten Zusammenpressen gut halten – umso schneller kannst du an deinem Werkstück weiterarbeiten.

Sägen

Dafür brauchst du einen erwachsenen Assistenten. Zum Sägen sollte das Holz immer fest eingespannt sein (siehe **Fixieren**).

Das Ansägen ist nicht ganz einfach, den Anfang sollte ein Erwachsener machen. Ist die erste Rille gesägt, kannst du übernehmen und die Säge mit gleichmäßigen Bewegungen vor- und zurückschieben. Eine Säge verkantet sich leicht, wenn der Winkel nicht passt. Übung macht den Meister!

Sägemehl

Beim Sägen und Bohren entsteht Sägemehl. Vermische es mit Holzleim zu einer dicken Masse. Damit kannst du Löcher und Risse im Holz ausfüllen und reparieren.

Arbeitshandschuhe sind empfehlenswert.

Eine Werkbank mit Schraubstock

So wird ein Basteltacker angesetzt.

Vor dem Einschlagen: Nagellänge prüfen!

Praktisch zum Herausziehen von Nägeln: ein Klauenhammer

Alternative zum Hämmern und Schrauben: Kleben!

Schnitzen

Schnitze immer im Sitzen. Am besten setzt du dich breitbeinig auf einen Stuhl und hältst das Holzstück zwischen den Beinen. Schnitze immer von der Hand weg, die das Holzstück hält. Je schärfer das Messer ist, umso leichter geht es. Zum Schärfen kannst du einen Schleifstein verwenden. Ein Schleifservice ist eine Alternative, die nicht viel Geld kostet. Wie du dein Schnitzmesser schärfen kannst, besprichst du mit einem Erwachsenen.

Bemalen

Für die Bastelwerke in diesem Buch wurden meist Temperafarben verwendet oder – für ein wasser- und wetterfestes Ergebnis – Acrylfarben. Beides gibt es in Tuben und großen Flaschen. Verwende Pappteller als Paletten. Darauf kleckst du die Farben, kannst sie mischen und dann mit Borstenpinseln auf die Holzstücke auftragen. Wenn du die Farben stark mit Wasser verdünnst, erkennst du die Maserung des Holzes nach dem Auftragen noch gut.

Glänzen

Reibe besonders schöne Werkstücke mit Holzwachs ein, um eine glänzende Oberfläche zu erhalten. Das Wachs bringt auch die Struktur des Holzes besser zur Geltung

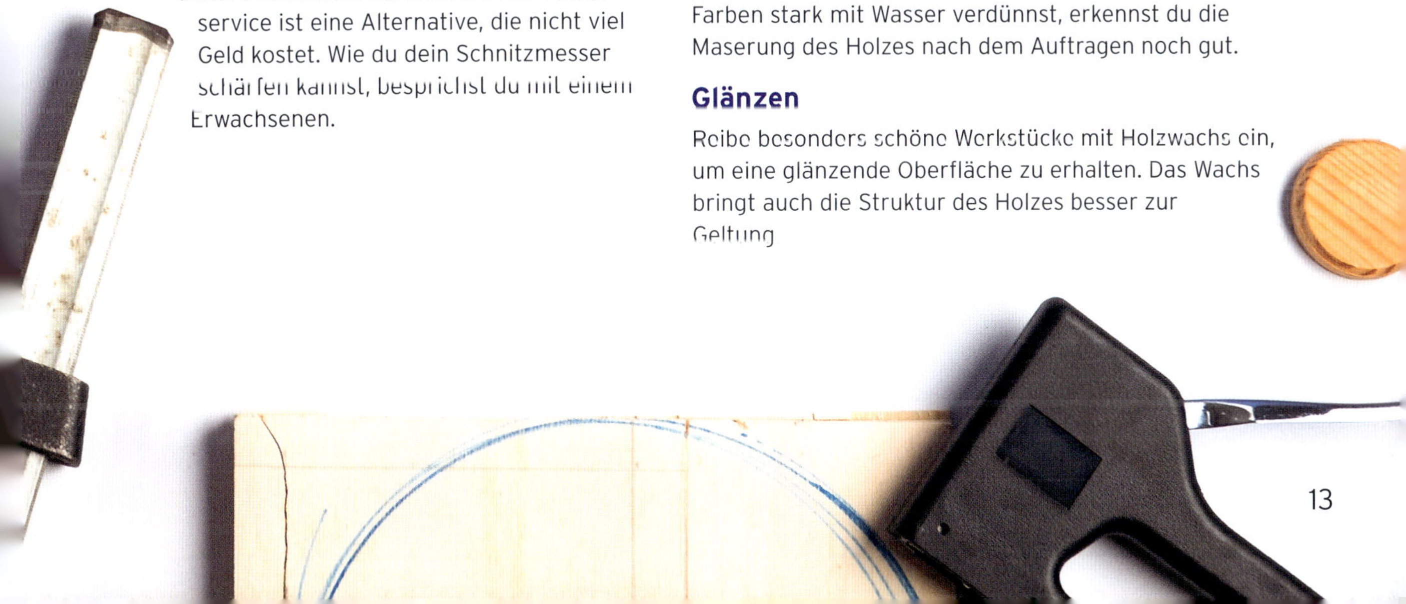

Suchen und sammeln

Der Wald ist eine wahre Fundgrube für Holzsammler. Wo Forstarbeiter Bäume gefällt und zersägt haben, finden sich oft Holzscheiben, Borke oder Stöcke in tollen Formen. Suche dir deine Lieblingsstücke aus und nimm sie in einem Beutel mit nach Hause. Du kannst aber auch gleich im Wald damit spielen. Vielleicht magst du auf deinen nächsten Waldspaziergang ein paar Werkzeuge und Bastelmaterialien mitnehmen: Eine kleine Säge, Knete, Bindfäden und Filzstifte reichen schon aus, um Holzstücke in fantastische Wesen zu verwandeln.

Aber nicht nur im Wald, auch am Meer oder an Flüssen lohnt es sich, auf die Suche zu gehen. Treibholz ist vom Wasser glatt gewaschen, interessant gefärbt und oft wunderbar leicht.

Hokuspokus-Holz

Um die Holzstücke, die du gefunden hast, in lustige Waldbewohner zu verwandeln, breitest du sie am besten erst einmal vor dir auf dem Waldboden oder daheim auf deinem Basteltisch aus. Was sich daraus wohl alles zaubern lässt?

Mit ein bisschen Knete werden deine Fundstücke im Handumdrehen zu Igel, Eichhörnchen, Schnecke oder Wolf. Welche Tiere „verbergen" sich noch im Holz?

Wildschwein oder Igel?

Eichhörnchen mit Schwanz aus Märchenwolle

Eule mit Federohren

Schnirkelschnecke

Guter oder böser Wolf?

Waldtier-Galerie

Manche Holzstücke haben von vornherein die Form eines Tieres, ohne dass du irgendetwas verändern musst. Andere kannst du wie ein Puzzle zusammenlegen. Oder hast du vielleicht einen bestimmten Waldbewohner im Kopf und brauchst dafür die passenden Fundstücke? Dann viel Spaß beim Suchen!

Hase

So ein Glück! Dieses geschwungene Holzstück sieht aus wie ein Hase mit langen Ohren. Es fehlt nur noch etwas Knete für Nase und Augen sowie ein Wattebausch als Schwanz. Zum Schluss kleine Stöckchen als Arme und Beine an den Körper kleben.

Wildschwein

Dieses Holzstück hat die massige Form eines Wildschweinkopfs. Auch die Farbe und die raue Oberfläche passen perfekt zu diesem Waldbewohner. Augen aus Knete, Stoßzähne und Ohren aus Papier ankleben – fertig ist der starke Keiler!

Elefant

Nanu, wie ist der Elefant denn hierhin geraten? Normalerweise trompeten die Dickhäuter ja nicht in unseren heimischen Wäldern. Aber dieses längliche Stück Holz sieht nun mal aus wie ein Rüssel, ganz klar. Hier ist es an ein Holzscheit geklebt, das ist der Körper. Die Beine bestehen aus dicken Stöcken. Die Augen sind aus Knete, die Stoßzähne aus Papier. Mit etwas Glück findest du kleine Holzscheiben für die Ohren.

Rehbock

Schau mal, aus diesem prächtigen Holzstück ist der Kopf eines Rehs geworden. Mit einer Wurzelbürste kannst du so ein Fundstück noch im Wald sauberschrubben und mitnehmen.

Das Geweih aus Stöcken befestigst du mit Holzleim hinter dem Kopf.

Die Ohren werden aus Pappe ausgeschnitten und an den Kopf geklebt. Augen, Nase und Mund sind aus Knete geformt.

Zwerg Nase und der Rabe

Stöcke mit einer Astgabel sind tolle Fundstücke. Hast du gleich mehrere gefunden? Prima! Dann kannst du nicht nur einen Zwerg basteln, sondern zwei, drei ... oder sogar sieben. Aus den Fundstücken auf der rechten Seite ist ein Rabe geworden. Vielleicht hättest du ja einen Papagei, einen Fantasievogel oder auch ein ganz anderes Tier daraus gemacht?

Zwerg

Kürze den Stock mit einer kleinen Säge auf die gewünschte Länge.

Schäle die Rinde mit einem kleinen Messer von der Astgabel.

3 Male Gesicht und Mütze des Zwergs auf das glatte Holz.

4 Klebe Holzreste oder dünne Stöcke als Arme an den Zwerg.

Tipp

Verwende einen Stechbeitel, wenn du Rinde an engen Stellen, zum Beispiel an Astgabeln, entfernen willst.

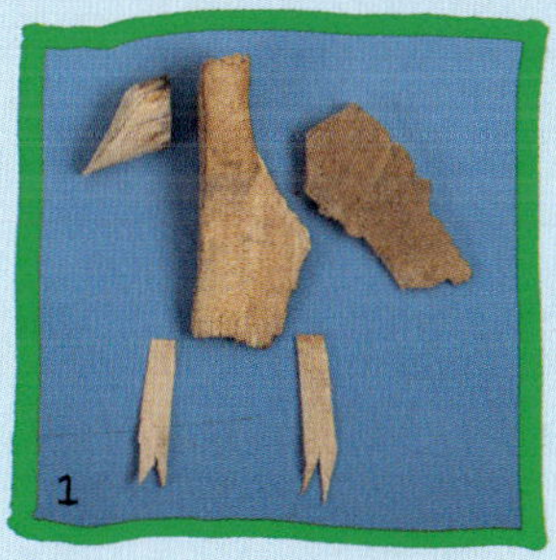

Aus diesen Fundstücken besteht der Rabe. Die Beine sind aus besonders dünnen Holzscheiben, die du sogar mit der Schere schneiden kannst.

So sieht der Vogel aus, wenn die Teile zusammengeklebt sind.

Tipp

Wenn du einen Stock mit einer besonders langen „Nase" findest, kannst du sogar Pinocchio daraus schnitzen.

3 Sobald der Leim getrocknet ist, kannst du deinen Vogel bunt anmalen.

Deine Figuren können stehen, wenn du ihnen Schuhe aus Knete formst. Oder du steckst sie einfach in mit Sand gefüllte Blumentöpfe.

Vierbeiner

Mit etwas Glück findest du einen dicken Stock, bei dem vier dünnere Äste in die gleiche Richtung gewachsen sind. Perfekt für einen Vierbeiner deiner Wahl! Wie wäre es mit einem Pferd, einem Wolf, einer Kuh – oder einem Fantasiewesen? Klebe oder schraube deinem Tier einen Kopf an und bemale es. Du kannst es auch mit Modelliermasse, Federn oder anderem Schmuck verändern. Es wird garantiert einzigartig!

Wildkatze

Was für ein prachtvoller „vierbeiniger" Stock! Kürze die Beine mit einer Gartenschere oder einer Holzsäge auf ungefähr die gleiche Länge.

Als Kopf dient eine Holzscheibe. Sie wird zusammen mit einer bemalten Holzperle als Nase direkt an den Körper geschraubt. Die Schraube muss so lang sein, dass sie durch die Perle und die Scheibe passt und noch etwa 2 Zentimeter in den Stock geschraubt werden kann.

Bohre das Loch für die Schraube vor.

Seltener Saurier

Für diesen Saurier brauchst du einen möglichst großen Stock mit langen „Beinen". Die Platten auf dem Rücken und der Kopf sind aus Modelliermasse geformt.

Im Sand steht dieser Besucher aus der Urzeit besonders stabil.

Nun kannst du die Katze nach Herzenslust mit Streifen oder Punkten bemalen und schräge Katzenaugen aus buntem Papier aufkleben.

Knote zum Schluss Schnurrhaare aus langen Holzspänen um die Perle. Die hier verwendeten Späne sind beim Entrinden der Stöcke auf Seite 26/27 entstanden.

Schnitzen und anspitzen

Manche Äste, die sich dreifach verzweigen, sehen aus wie Flieger oder Vögel. Die Form lässt sich auch aus einem größeren Ast heraussägen, wenn du sie in der Natur nicht findest. Aber auch aus einem einfachen geraden Stock kannst du tolle Sachen basteln, wie zum Beispiel einen Riesenbleistift, den du ganz nach deinen Wünschen mit hübschen Mustern verzierst. Der Stock sollte mindestens 1,5 Zentimeter Durchmesser haben. Dieser hier ist etwa 30 Zentimeter lang.

Ach, du dicker Stift!

1 Bohre mit dem Holzbohrer mittig ein Loch in ein Ende des Stocks.

2 Schnitze dieses Ende spitz zu.

3 Ritze Muster in das Holz oder bemale es.

4 Träufele etwas Klebstoff in das Loch und stecke eine Mine hinein.

Nun kannst du losschreiben! Wer bekommt deinen ersten Brief? Wenn der Stift abgenutzt ist, spitzt du ihn mit dem Schnitzmesser einfach wieder an.

Bunte Vögel

Den zurechtgeschnitzten Ast (siehe Kasten unten rechts) kannst du bemalen und nach Belieben mit Federn bekleben. Besonders gut macht sich so ein Vogel an der Zimmerdecke oder vor deinem Fenster. Drehe zum Aufhängen eine Ringschraube in seinen Rücken, probiere aber vorher aus, an welcher Stelle sie platziert werden muss. Das geht am besten, wenn du einen Faden um den Körper des Vogels knotest und testest, wann er im Gleichgewicht hängt. Markiere die Stelle mit einem Stift und drehe dort die Schraube hinein.

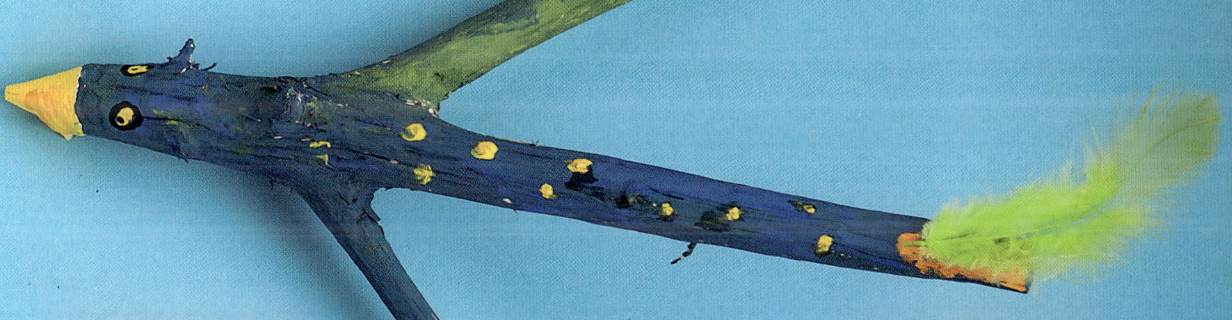

So sieht der unbearbeitete Ast aus.

Schäle die Rinde mit dem Schnitzmesser ab und spitze den Schnabel an.

Schlingel-Schlangen

Im Wald stößt du manchmal auf Gewächse, die sich um dicke Baumstämme schlängeln. Das sind Waldreben. Die gewundenen Zweige der Korkenzieherweide finden sich dagegen in Gärten oder Parks. Auf dem Boden liegende Stöcke kannst du mitnehmen. Ziehe mit einem Messer die Rinde ab. So entstehen sehr schöne glatte Schlangenformen, die auch unbemalt schon ganz fantastisch aussehen.

Praktisch: Manchmal hat ein Stock schon die Form eines Schlangenkopfes.

So sehen die Äste einer Waldrebe (rechts) und einer Korkenzieherweide (links) aus.

Hier schlängeln sich zwei dicke Äste im Wald. Wenn du Knete dabei hast, kannst du ihnen Augen und eine Zunge ankleben. Vergiss nicht, ein Foto von diesen wunderlichen Riesenschlangen zu machen!

1 Mit einem einfachen Küchenmesser lassen sich Stöcke ganz leicht häuten. Wenn du die Rinde an einer Stelle anschneidest, kannst du sie vielleicht sogar in Streifen abziehen.

2 Nun kannst du den Körper der Schlange bemalen.

3 Hat die Schlange noch keinen Kopf, schneide einen aus Karton oder auch aus dünnem Holz aus und klebe ihn an. Obstkisten bestehen oft aus Holz, das sich sogar mit einer Schere schneiden lässt.

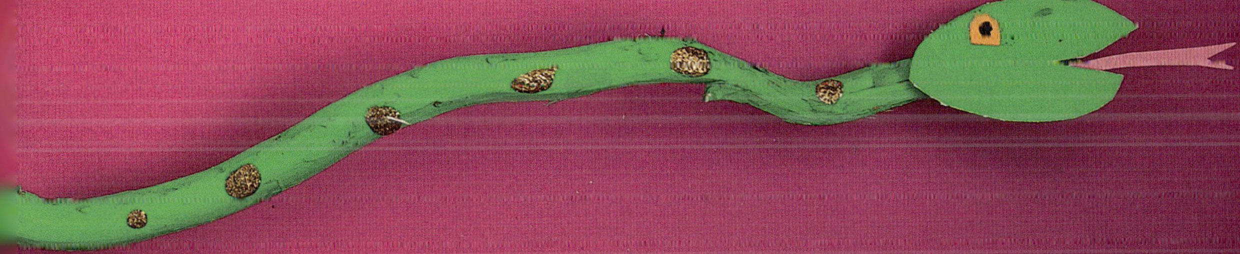

Suppenquirl und Essbesteck

Holz ist nicht nur dekorativ, sondern auch nützlich. Du kannst daraus viele praktische Dinge herstellen, zum Beispiel für die Küche. Isst du gerne Suppe? Früher schnitten die Menschen die Spitzen ihrer ausgedienten Weihnachtsbäume ab und fertigten daraus Suppenquirle an. Sie glaubten, dass der Tisch dank dieses besonderen Küchenhelfers das ganze Jahr über reich gedeckt sein würde.

Hexen-Picknick

Hexen sind nicht nur im Wald zu Hause, sie haben auch eine Vorliebe für ganz besondere Speisen wie zum Beispiel verwunschene Äpfel. Damit dein nächstes Picknick ein märchenhaftes Abenteuer wird, schnitze dir dein Besteck doch einfach selbst aus Stöcken, die du im Wald findest.

Stöcke, die mit Lebensmitteln in Berührung kommen, müssen immer zuerst mit einem Messer entrindet werden. Für ein Sägemesser schnitzt du kleine Zacken in ein Ende des Stocks. Damit kannst du dann ein Brötchen oder einen Apfel schneiden.

Einen anderen Stock schnitzt du oben ganz spitz zu. Damit kannst du Apfelstücke aufspießen und in den Mund stecken. Lecker!

Tannenbaumspitze absägen. Dabei unbedingt Handschuhe tragen, denn die Nadeln pieken.

Überflüssige Äste mit der Gartenschere abschneiden.

Rinde abschälen.

4 Willst du den Quirl in der Küche aufhängen? Dann bestreiche die oberen 5 Zentimeter des Stiels mit Klebstoff, wickele einen schönen Bindfaden darum und mache eine Schlaufe in das Ende des Fadens.

Suppenquirl

Möchtest du es dem alten Brauch gleichtun? Dann benötigst du die Spitze eines ausrangierten Weihnachtsbaums. Oder frage in einer Baumschule oder Gärtnerei nach, ob du die Spitze einer gefällten Tanne haben kannst.

Mit diesem wunderschönen und einzigartigen Suppenquirl lassen sich nicht nur Suppen umrühren, sondern auch Pfannkuchenteig. Probiere es aus!

Birkenhunde

Die Borke von Birken ist besonders schön gemustert. Das Holz dieser Bäume ist weich und lässt sich leicht schnitzen oder sägen. Halte in Wäldern, Parks und Alleen Ausschau nach den typischen weißen Stämmen. Dort kannst du herabgefallene Äste und Zweige finden.

Marionette

Dieser Vierbeiner ist der ideale Begleiter für fingerfertige Herrchen. Die Kästen rechts zeigen dir, wie du ihn bastelst. Und so wird gespielt: Knote die beiden langen Fäden an Kopf und Körper jeweils zusammen. Nimm den Faden für den Kopf in die eine, den Faden für den Körper in die andere Hand. In den Faden vom Schwanz kannst du eine Schlaufe machen und diese über einen Finger hängen. So kannst du den Schwanz lustig wedeln lassen.

Schnitz-Spitz

Dieses Stück Holz hat ein lustiges Astloch. Schnitze ringsherum eine spitze Schnauze und klebe ein Stück Knete als Nase an. Bohre unten in den Körper vier Löcher und stecke dort Beine aus Holzstäbchen oder dicken Streichhölzern hinein.

Du brauchst verschieden dicke Stöcke, die du auf die passenden Längen für Kopf, Bauch, Beine und Schwanz sägst.

2 Male auf das Kopfstück Maul und Augen und klebe Ohren aus Papier oder dünnem Holz an. Vielleicht hast du aber auch Glück und findest ein Aststück mit „Ohren“ wie bei diesem Hund.

Mit dem Holzbohrer Löcher vorbohren, dann Ringschrauben eindrehen.

Beine, Kopf und Schwanz mit kurzen Fäden mit dem Körper verbinden. Durch die übrigen Ringschrauben an Körper und Kopf lange Fäden ziehen.

Was schwimmt denn da?

Holz kann prima schwimmen. Warum also nicht Boote und Wassertiere daraus basteln? Borke ist dafür besonders gut geeignet. Wenn sie trocknet, biegt sie sich manchmal schon von allein zu einem kleinen Boot. Ein langes Borkenstück kann dagegen zu einem gefährlichen Krokodil werden.

Borkenschiff

1 Bohre mit einem Holzbohrer ein Loch in die Mitte der Borke und stecke ein Holzstäbchen hinein. Eventuell mit Klebstoff fixieren.

2 Schneide aus Buntpapier oder Stoff ein dreieckiges Segel zurecht und klebe es an das Holzstäbchen.

3 Wer geht in deinem Boot auf große Fahrt? Ein Indianer oder ein Pirat? Oder beide zusammen? Du kannst diese Figuren aus Flaschenkorken basteln. Beklebe sie mit Filz-, Papier- oder Stoffresten und male ihnen Gesichter auf. Damit die Figuren bei rauer See nicht von Bord fallen, sind sie im Boot festgeklebt.

Borkenschiffe haben nicht viel Tiefgang. Meist reicht schon eine Pfütze aus, um sie schwimmen zu lassen. Dieses Indianerfloß besteht aus einem flachen Stück Borke und einem bemalten Filzsegel, das auf ein Holzstäbchen gesteckt wird.

Krokodil

Erinnert dich diese „schuppige" Borke nicht auch an ein Krokodil? Streiche mit einem Borstenpinsel grüne Farbe darauf und lasse sie gut trocknen.

Male dann Mund und Augen auf und klebe Beine aus kleinen Stöcken unter den Körper. Ist der Klebstoff getrocknet, kann das Krokodil losschwimmen. Wer nimmt wohl alles Reißaus, wenn es auftaucht?

Floß

Es gibt unendlich viele Arten, aus Holz ein Boot zu basteln. Vielleicht magst du dich einmal mit deinen Freunden zum Holzsuchen und Basteln treffen – und zum Schluss lasst ihr eure Boote um die Wette schwimmen.

Für dieses flotte Floß brauchst du etwa zwölf gleich dicke Stöcke, die du alle auf eine Länge sägst. Hier sind sie 20 Zentimeter lang. Das Segel besteht aus einem etwa 15 x 15 Zentimeter großen Stück Jute.

Zwei der Stöcke im Abstand von ca. 15 Zentimetern parallel zueinander legen und einen weiteren Stock quer darüberlegen. Mit Schnur umwickeln und verknoten.

Mit einem langen Faden die restlichen Stöcke nach und nach festknoten.

Sind alle Stöcke verarbeitet, sieht das Floß etwa so aus.

Wenn du dein Floß direkt im Wald baust, magst du statt Stoff vielleicht ein großes Blatt als Segel verwenden.

Einen weiteren Stock senkrecht durch eine Lücke etwa in der Mitte des Floßes stecken. Mit Bindfäden an allen vier Ecken festbinden.

Je ein dünnes Holzstäbchen durch die Ober- und die Unterkante des Jutestücks weben.

6 Mit Faden und Sticknadel die Holzstäbchen festnähen und das Segel am Mast befestigen.

Stöckchen holen!

Trockene Stöckchen knacken herrlich, wenn du sie in der Mitte durchbrichst. Aber du kannst nicht nur Krach damit machen, sondern noch vieles mehr. Du brauchst nur ein bisschen Klebstoff – oder auch gar kein Werkzeug. Wie wäre es mit einem Stöckchen-Alphabet oder einem Zwergen-Baumhaus?

ABC

Lege einmal alle Buchstaben des Alphabets aus vielen kleinen Stöckchen.

Du kannst auch deinen Namen oder andere Wörter schreiben. Vielleicht magst du auch eine kleine Botschaft auf einen Untergrund aus Pappe kleben?

Stöckchen-Zoo

Für dieses Seepferdchen schneidest du zunächst die Form aus Pappe zurecht und bestreichst sie mit Kleber. Die Stöckchen schneidest du mit einer Gartenschere auf die richtigen Längen. Zum Schluss kannst du dein Seepferdchen noch verzieren. Welche Tiere fallen dir noch ein?

Zwergen-baumhaus

1

Du brauchst eine zurechtgeschnittene Schachtel.

2

Beklebe alle Außenflächen der Schachtel mit Stöckchen.

3

Für das Dach zwei längere Stöckchen an der oberen offenen Seite der Schachtel festkleben. Kürzere Stöckchen quer darüberlegen und mit Kleber befestigen.

4 Aus zwei gleich langen und vielen kurzen Stöckchen klebst du eine Leiter zusammen.

Holzscheiben-Sammelsurium

Größere Holzscheiben finden sich oft neben Sägeplätzen im Wald. Kleinere kannst du auch ganz leicht selbst herstellen, indem du gerade gewachsene Stöcke in Scheiben sägst. Schau mal, was für tolle Dinge sich damit gestalten lassen!

Anhänger

Schleife ein schönes Holzstück zuerst glatt und poliere es dann mit Holzwachs oder Öl. So kommt die Maserung schön zur Geltung. Bohre ein Loch in das Holz und ziehe ein Stück Blumendraht hindurch, das du auf der Rückseite zu einer Schlaufe verknotest. Dadurch kannst du eine Schnur ziehen. Fertig ist dein ganz individuelles Schmuckstück!

Knöpfe

Um deine eigenen Knöpfe herzustellen, bohre jeweils zwei oder vier Löcher in kleine Holzscheiben. Du kannst die Knöpfe an ein Kleidungsstück nähen oder einfach auf ein Stück Stoff. Verziere doch einmal ein Quadrat aus Filz mit vielen unterschiedlich großen Knöpfen, dann hast du ein schönes Geschenk!

Auto

Die Grundform des Autos besteht aus einer etwa 3 Zentimeter dicken, in Form gesägten Holzscheibe. Befestige als Reifen vier kleinere Scheiben mit Nägeln daran und male dein Fahrzeug zum Schluss an.

Männchen

Vielleicht hast du Lust, aus kleinen Holzstücken Mannchen zu legen? Diese kannst du auf eine stabile Pappe kleben und als Karte verschenken.

Schlange

Für den Kopf der Schlange schälst du die Rinde eines kurzen Stocks ab und bringst das Holz mit dem Schnitzmesser in Form. Male Augen und ein Maul auf. Hinten in den Kopf drehst du eine kleine Ringschraube.

Für den Körper sägst du Holzscheiben von einem Stock und bohrst Löcher durch die Mitte. Knote eine Perle an das Ende eines Fadens, dann fädele die Holzscheiben auf. Knote zum Schluss den Faden an den Kopf.

Bei den Waldindianern

Dort, wo im Wald gesägt wird, lassen sich nicht nur Holzscheiben, sondern auch andere Schätze finden. Dieses gespaltene Holz sieht aus wie der prächtige Federschmuck eines Indianerhäuptlings – es fehlt nur noch ein bisschen Farbe. Und verbirgt sich in der großen Holzscheibe nicht der Kopf eines Indianers?

Kopfschmuck

Bemale das Holzstück mit verschiedenen Acrylfarben. Auf die Rinde kannst du Holzperlen oder anderen Schmuck kleben.

So sieht das unbearbeitete Fundstück aus.

Siehst du in dieser Form auch einen Indianer? Oder etwas ganz anderes?

Indianerkopf

Male die Holzscheibe an und klebe ein Stirnband aus Filz um den Kopf. Wenn du wasserfeste Farben verwendest, zum Beispiel Acrylfarben, kannst du dein Kunstwerk auch draußen aufstellen.

Aus der Restekiste

Hast du schon einmal eine Tischlerei besucht? Wenn nicht, wird es höchste Zeit! So ein Werkstattbesuch ist nicht nur spannend, sondern auch sehr lohnend für Holzbastler. Hier wirst du jede Menge Reste von Latten und Brettern finden: Dreiecke, Kreise, Quadrate und viele andere Formen. Daraus kannst du tolle Sachen kleben, zusammenschrauben, nageln oder sägen.

Auch Baustellen können eine wahre Fundgrube für Holzbastler sein. Das hier verwendete Holz hat meistens eine raue Oberfläche, weil es nicht glatt gehobelt wurde. Zieh Handschuhe an, damit du keine Splitter in die Finger bekommst. Aber beachte: Eine Baustelle darfst du nicht ohne Erlaubnis betreten!

Hund und Katz

Bist du ein Katzen- oder ein Hundemensch? Bastle dir aus Holzresten deinen Lieblingsvierbeiner. Damit kannst du dein Zimmer schmücken und auch spielen.

1 Für den Hund brauchst du verschieden große Holzstücke: zwei ungefähr gleich große für Kopf und Bauch und drei kleinere für Schwanz und Beine. Kleine, runde Holzscheiben verwendest du für die Ohren und die Nase.

2 Klebe alle Teile zusammen und lass den Leim gut trocknen. Male dem Hund Augen und ein Maul auf. Wie sieht das Fell deines Vierbeiners aus? Ist es ein Dalmatiner wie hier im Bild oder eine andere Rasse?

3 Du kannst dem Hund noch ein Halsband aus Wolle oder Filz zuschneiden und umbinden. Wuff!

Katzenfamilie

Für diese verschmitzt dreinschauende Katzenfamilie brauchst du drei Holzlatten: Höhe ca. 20, 15 und 10 Zentimeter, Breite ca. 7 Zentimeter, Dicke ca. 2 Zentimeter. Vielleicht hast du ja Glück und findest Holzstücke, die schon „Ohren" haben. Falls nicht, zeichnest du an einem Ende der Latten spitze Ohren auf und sägst die Form aus.

Bemale die Katzen und klebe kleine bemalte Holzscheiben als Augen auf. Klebe Barthaare aus dünnen Fäden und Schwänze aus Filz an.

So sehen die Grundformen der Katzen aus.

Alles einsteigen!

Auch Holzpaletten sind zum Bauen wunderbar geeignet. Zersäge sie mit Hilfe eines Erwachsenen in geeignetes Bastelmaterial. Hier sind verschiedene Stücke zu einer Eisenbahn zusammengeklebt und -geschraubt.

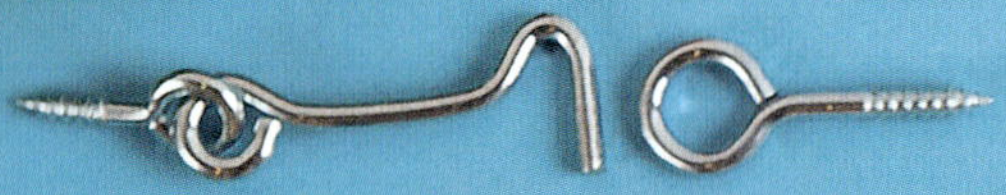

Ringschraube mit Haken einfache Ringschraube

1 Zuerst klebst du die Grundform für die Lokomotive und den Wagen aus passenden Holzstücken zusammen (siehe Kästen rechts). Das jeweils untere Brett, an das die Räder geschraubt werden, hat hier die Maße 10 x 4 x 2 Zentimeter.

2 Die Räder bestehen aus Holzscheiben. Bohre mit dem Holzbohrer ein Loch durch jede Scheibe.

3 Male die Räder an.

4 Schraube die Räder an den Wagen und die Lok. Drehe die Schrauben aber nur so weit in das Holz, dass die Räder sich noch gut drehen lassen.

5 Drehe eine Ringschraube mit Haken in die Rückseite der Lok und eine einfache Ringschraube in den Wagen (siehe linke Bildseite). Nun kannst du den Wagen an die Lok kuppeln.

6 Auf diese Weise lassen sich noch viele weitere Wagen basteln und an die Lok hängen. Wie lang wird dein Zug? Zum Schluss kannst du ihn noch anmalen.

So wird die Lok zusammengeklebt.

Hier siehst du den zusammengeklebten Wagen mit Rädern von unten.

Hüter des Schatzes

Im Schlund dieses Holzmonsters sind deine Schätze bestens aufgehoben. Denn wer würde es wagen, in das mit Nagelzähnen gespickte Maul zu fassen? Nur du kennst den Trick: Stellt man das Monster auf den Kopf, purzelt der Inhalt heraus. Du möchtest ein friedlicheres Monster haben? Dann lass die Zähne einfach weg!

1 Wenn du die passenden Stücke nicht in deiner Restekiste findest, säge sie dir zurecht. Hier die Maße in Zentimetern (Höhe x Breite x Dicke):

A = 6 x 15 x 2
B = 11 x 9 x 2
C und D = 12 x 3 x 6
E = 3 x 15 x 6
F = 7 x 5 x 5 (bei 2 Stück)
G = 30 x 3 x 1
H = 14 x 3 x 6

2 Hämmere Nägel in A und H. Lege die Holzstücke dafür hochkant vor dich hin. Dein Monster kann aber auch zahnlos bleiben. Bemale E ganz und ein Drittel von A rot.

3 Bemale B mit roter Farbe. Damit du es besser erkennst, siehst du die Holzstücke hier noch einmal ohne Farbe und Nägel.

- Klebe C und D seitlich an B.
- Klebe E unter B.
- Klebe F (zweimal) unter E.

4
- Klebe G quer über das untere Ende von C und D.
- Klebe H auf G.
- Klebe A quer über das obere Ende von C und D.
- Klebe die beiden Holzscheiben als Augen auf.

5 Wenn alles getrocknet ist, malst du deinen Schatzhüter giftgrün an. Er bekommt einen besonders wilden Blick, wenn du verschiedenfarbige Perlen auf die Holzscheiben klebst. Hämmere zum Schluss Nägel als Krallen an die Arme.

Bohren, bitte!

Für diese Giraffe oder den Stiftehalter mit der Stachelfrisur darfst du jede Menge Löcher bohren. Mit einer elektrischen Bohrmaschine geht das am besten, aber auch ein Handbohrer ist dafür geeignet, das dauert nur etwas länger. Egal, für welches Werkzeug du dich entscheidest: Ein Erwachsener sollte dir dabei helfen. Zu zweit macht das Bohren sowieso viel mehr Spaß.

Elektrische Bohrmaschine

Giraffe

Du brauchst einen Holzwürfel für den Körper und ein kleineres rechteckiges Stück Holz für den Kopf. Die Beine und der Hals der Giraffe bestehen aus alten Buntstiften. Die Hörner sind ganz kurze Stummel.

1. Bohre vier Löcher in die Unterseite des Holzwürfels. Ihr Durchmesser sollte so groß sein, dass die Buntstifte hineinpassen. Damit die Giraffe gut steht, müssen die vier Buntstift-Beine gleich lang sein.
2. Bohre ein Loch in die gegenüberliegende Seite des Holzwürfels und stecke dort einen Buntstift als Hals hinein.
3. Bohre ein Loch in die Unterseite des Kopfes und zwei auf die obere Seite für die Hörner.
4. Male die Holzstücke an und lass die Farbe trocknen.
5. Stecke die Giraffe wie im Bild zu sehen zusammen.

Stiftehalter

Bohre in die Oberseite eines Holzklotzes (etwa 10 x 8 x 8 Zentimeter) ungefähr zehn Löcher. Säge eine Holzscheibe in der Mitte durch und klebe die Hälften als Ohren fest. Du kannst auch Ohren aus Pappe verwenden.

Male oder klebe ein Gesicht auf, dann klebe einen kleineren Holzklotz als Hals unter den Kopf. Für einen stabilen Stand klebe den Hals auf ein längliches Stück Holz. Nun kannst du deine Stifte und Scheren in die Figur stecken.

So sieht der Klotz von oben aus.

Nageltiere

Für diese lustigen Figuren brauchst du rechteckige und dreieckige Holzreste sowie jede Menge Nägel, Schrauben und Reißzwecken. Nun kannst du deiner Fantasie – und deinen Werkzeugen! – freien Lauf lassen.

17-Füßer

1 Schlage in ein längliches Stück Holz so viele Nägel, wie du magst. Für einen Tausendfüßer reicht dein Material vielleicht nicht, aber so ein 17-Füßer sieht doch auch sehr nett aus!

2 Schraube eine Holzperle an ein Ende deines Krabbeltiers. Das ist der Kopf. Bunte Reißzwecken eignen sich als Verzierung für den Körper. Du kannst die Punkte aber auch einfach aufmalen.

Hörner

1. Leime zwei Holzklötze zusammen – fertig sind Kopf und Bauch deines Tiers. Lass den Leim trocknen und drehe dann vier Schrauben von unten in den Bauch. Das sind die Beine.
2. Drehe Ringschrauben seitlich in den Kopf.
3. Klebe Ohren und Augen aus Papier sowie eine Perle als Nase an.
4. Male den Mund auf.

Was für ein Tier das wohl ist? Ein Elch, ein Rentier oder etwas ganz anderes?

Igel

Klebe zwei Holzstücke wie im Bild zu sehen zusammen. Schlage jede Menge Nägel als Stacheln in den Körper. Dann drehe vier kleine Schrauben als Beine fest. Male einen Mund auf und klebe zwei kleine Holzscheiben als Auge und Nase auf den Kopf.

Tipp

Schrauben lassen sich leichter in Holz drehen, wenn du die Löcher vorbohrst.

Badewannen-Freunde

Holz geht im Wasser nicht unter. Deshalb kannst du mit den hier abgebildeten Tieren nicht nur an Land spielen, sondern sie auch mit in die Badewanne nehmen oder sie auf einem Teich oder Bach schwimmen lassen. Wenn du sie mit wasserfesten Farben bemalst, kannst du lange mit ihnen planschen.

Kleiner Hai

Dieser Raubfisch ist aus einem rechteckigen Holzstück für den Körper und zwei dreieckigen Klötzen für die Flossen zusammengeklebt. Lass den Leim trocknen und bemale deinen Hai.

Krokodil

Der Körper des Krokodils besteht aus einer Holzlatte, unter die zwei dünne Leisten als Beine geklebt werden. Wie du den Kopf bastelst, siehst du im Kasten rechts. Leime kleine Holzdreiecke auf den Kopf und den Körper. Male das Krokodil grün an, sein Maul rot. Für die Augen kannst du zwei kleine Holzscheiben gelb anmalen oder gelbe Perlen als Augen ankleben.

Drehe eine Ringschraube in den Kopf und einen Haken in den Körper. Hake sie ineinander. Jetzt kann das Krokodil sich beim Schwimmen hin und her bewegen wie seine Artgenossen auf dem Nil.

Für den Kopf zwei Holzkeile (aus dem Baumarkt) an ein passendes Holzstück leimen.

Ente

Zwei rechteckige und zwei dreieckige Holzstücke lassen sich im Handumdrehen zu solch einer Ente zusammenkleben. Nun brauchst du sie nur noch anzumalen.

Tipp

Um deinen Badewannenfreunden im Wasser mehr Halt zu geben, kannst du unten in den Körper (möglichst in der Mitte) eine lange Schraube eindrehen. Verwende am besten eine Ringschraube und binde einen langen Faden daran. So kannst du deine Tiere festhalten und sie schwimmen nicht weg.

Auf die Plätze …

Hier treffen sich ein Blauwal, ein Frosch und ein wackerer Schwimmer. Was für eine Geschichte wohl dahintersteckt? Ob sie sich zu einem Wettrennen verabredet haben? Bastle die Figuren und finde es heraus!

Blauwal

Klebe den Keil mit der dünneren Seite auf die Schwanzflosse (siehe Kasten). Lass den Leim trocknen und male den Wal an. Für die Augen kannst du auch kleine gelbe Holzperlen verwenden. Klebe zum Schluss eine dreieckige Flosse auf den Rücken.

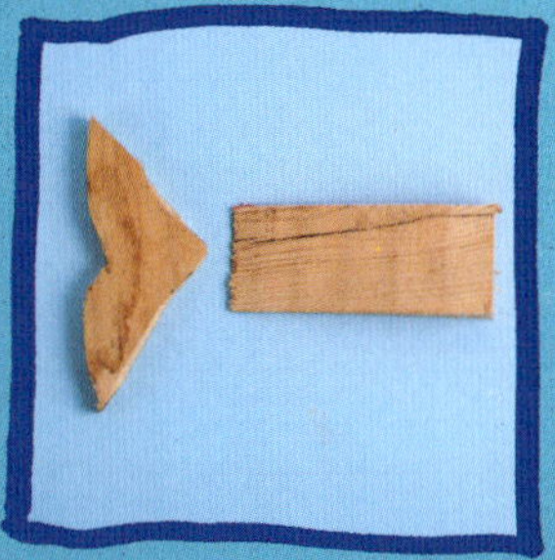

Der Wal besteht aus einem Holzkeil und einer zurechtgesägten Flosse.

Dieser Wal hat sich in einen Gartenteich verirrt.

Frosch

1 Aus einem rechteckigen Holzstück und einer Leiste kannst du diesen lustigen Frosch basteln. Dafür sägst du die Leiste in vier ungefähr gleich große und zwei etwas längere Stücke.

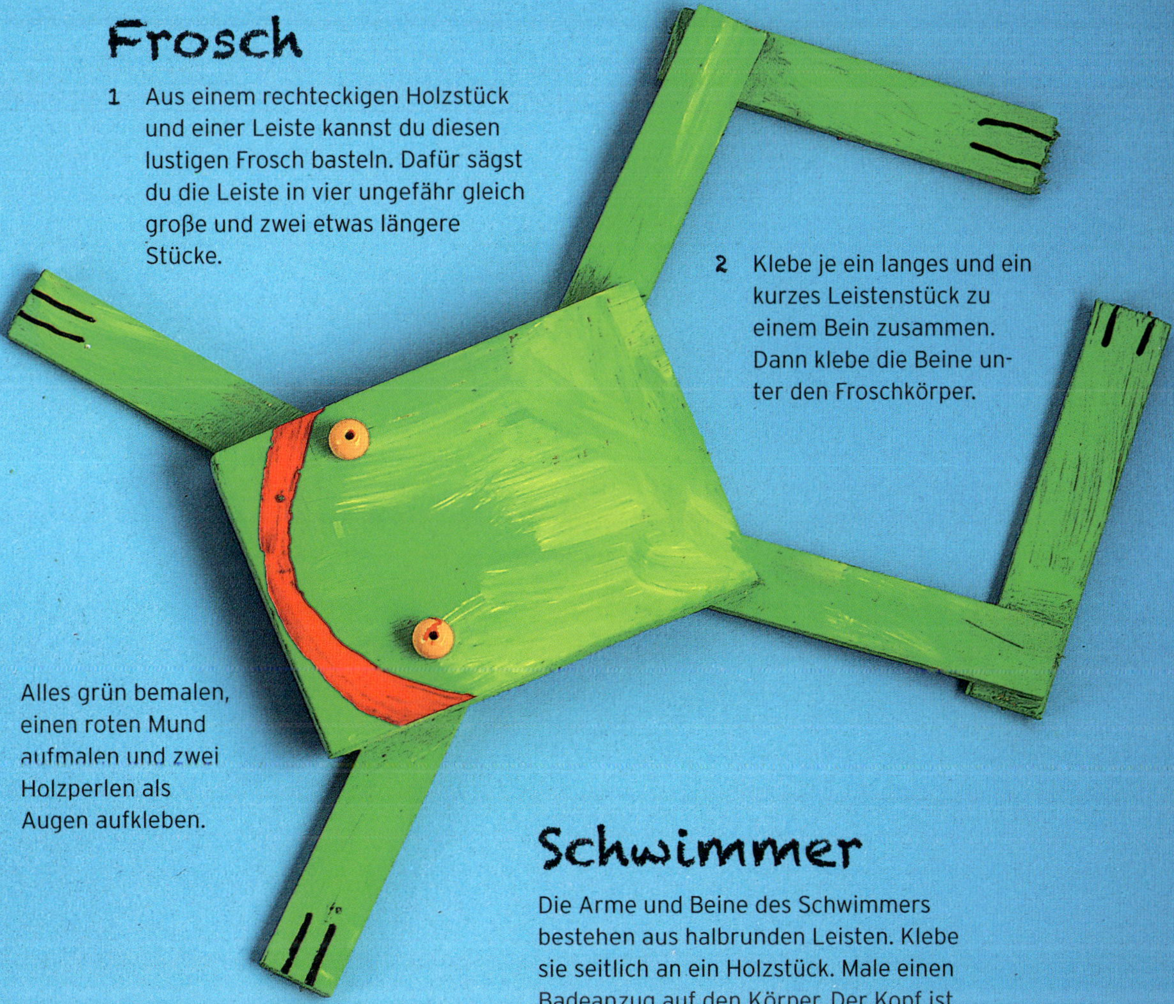

2 Klebe je ein langes und ein kurzes Leistenstück zu einem Bein zusammen. Dann klebe die Beine unter den Froschkörper.

3 Alles grün bemalen, einen roten Mund aufmalen und zwei Holzperlen als Augen aufkleben.

Schwimmer

Die Arme und Beine des Schwimmers bestehen aus halbrunden Leisten. Klebe sie seitlich an ein Holzstück. Male einen Badeanzug auf den Körper. Der Kopf ist eine kleine Styroporkugel. Die ist sogar wasserfest. Male ein Gesicht und eine Badekappe auf die Kugel und klebe sie an den Körper. Jetzt kann der Schwimmer seine Bahnen ziehen!

Er schwimmt gern in Teichen, aber auch in einer Suppenschüssel.

Schiff ahoi!

Holz ist seit jeher ein geeignetes Baumaterial für Schiffe – auch für die großen! –, denn es schwimmt einfach besonders gut. Hier erfährst du, wie du ein Segelboot oder auch einen Dampfer bauen kannst. Fallen dir noch andere Schiffstypen ein? Vielleicht magst du dir eine ganze Flotte basteln!

Segelboot

1 Säge von einer ca. 6 Zentimeter breiten Holzlatte ein etwa 10 bis 15 Zentimeter langes Stück ab. Markiere an einem Ende des Holzstücks die Mitte und säge das Holz zu diesem Punkt hin spitz zu (siehe Bild links oben).

2 Bohre ein Loch in das Holz, stecke einen Holzspieß als Mast hinein und fixiere ihn mit Klebstoff. Male das Boot an. Schneide aus Papier ein dreieckiges Segel aus und klebe es an den Mast.

3 Klebe ein dreieckiges Holzstück unter das Boot. Das ist der Kiel. Aus einem Korken kannst du noch einen Kapitän basteln und auf das Boot setzen.

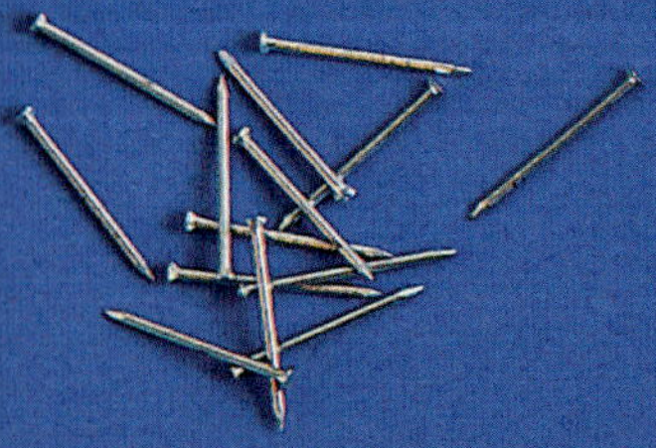

Dampfer

1 Der Schiffsrumpf besteht aus einem spitz zugesägten Brett (ca. 25 x 15 Zentimeter). Du brauchst außerdem ein oder zwei kleinere, spitz zugesägte Holzstücke und einen Holzwürfel. Male alle Teile an und klebe sie übereinander.

2 Schlage Nägel in den Rand rings um das untere Brett. Umwickle die Nägel mit einem Faden und verknote die Enden – fertig ist die Reling.

3 Auch das Sonnendeck bekommt eine Reling. In das Dach der Kommandobrücke schlägst du einen langen, dicken Nagel als Mast. Verbinde den Faden der oberen Reling mit dem Mast und klebe Fähnchen aus Buntpapier daran.

4 Der Schornstein besteht aus einer bemalten Papprolle und wird auf das Sonnendeck geklebt. Stecke Watte oben hinein, damit dein Dampfer auch ordentlich dampft!

Aus diesen Holzstücken besteht der Dampfer. Für das Sonnendeck kannst du wie im großen Bild auch ein weiteres Holzstück verwenden.

Puppentheater

Mit diesen tollen Theaterfiguren kannst du dir Geschichten ausdenken, Märchen erzählen und Sketche aufführen. Vorhang auf und Bühne frei!

Eule

Für die Flügel dieser Eule brauchst du Bilderhaken und Krampen. Schraube sie an die Seiten eines Bretts. Die Augen bestehen aus großen, die Ohren und der Schnabel aus kleinen Holzstücken. Klebe eine Leiste hinter die Eule, damit du sie festhalten kannst. Schuhu!

Winke, winke!

Die Kästen zeigen dir, wie du den Körper dieses lustigen Gesellen zusammenbastelst. Bemale ihn und klebe Finger aus Streichhölzern an.

Lege zwei dünne Leisten über Kreuz und bohre ein Loch durch die Mitte. Stecke eine Briefklammer hindurch und befestige sie.

Klebe ein rechteckiges Stück Holz als Kopf an.

3 Gestalte aus Holzresten ein Gesicht.

4 Klebe einen dünnen Stab an einen Arm. So kannst du die Hand auf und ab bewegen.

Feine Puppenstube

Deine Puppen freuen sich bestimmt über neue Möbel. Aus Holzquadern lassen sie sich ganz leicht zusammenkleben und bemalen. Die Größe richtet sich nach der Größe deiner Puppen. Vielleicht magst du dir ein komplettes Puppenhaus einrichten?

Bett: Zwei Holzstücke so zusammenleimen und kleine Holzscheiben als Füße darunterkleben.

Schrank: Vier Holzscheiben unter einen Holzquader kleben.

Bank: Zwei passende Holzstücke zusammenkleben. Jedes Bein besteht aus zwei Holzscheiben.

Sessel: Zwei Holzklötze zusammenkleben – fertig.

Wenn der Leim getrocknet ist, kannst du die Möbel in deinen Lieblingsfarben anmalen. Der Schrank hat Knöpfe aus Reißzwecken. Die Bettwäsche besteht aus gefalteten Servietten. Befestige sie mit Klebestreifen auf dem Bett. Der Teppich ist ein Stück Tonkarton, auf den du Muster malst.

Den Tisch klebst du aus drei Holzstücken zusammen.

Glückswürfel

Diese großen, selbst gebastelten Würfel bringen dir bestimmt Glück! Die Grundform kannst du dir im Baumarkt oder von einem hilfsbereiten Erwachsenen zurechtsägen lassen.

Und so bastelst du einen Würfel:

1 Feile alle Ecken und Kanten des Würfels glatt.

2 Male das Holz nach Belieben an.

3 Die Zahlen oder „Augen“ kannst du entweder nach dem Trocknen auch auf den Würfel malen, Polsternägel oder Reißzwecken in das Holz drücken oder Nägel verwenden. Male die Zahlen oder Augen am besten mit einem Bleistift vor, bevor du die Nägel einschlägst.

Würfelspiele

Es gibt unzählige Würfelspiele. Diese beiden Varianten gehen ganz einfach und schnell. Sie sind für zwei oder mehr Spieler geeignet. Probiere sie gleich mal aus!

Hin und her

Die Mitspieler brauchen Papier, Stifte und einen Würfel. Jeder Spieler schreibt die Zahlen von 1 bis 6 auf sein Blatt Papier.

Jetzt wird reihum gewürfelt. Die erzielte Zahl darf der Spieler, der gewürfelt hat, von seinem Blatt streichen. Würfelt er sie in einer der nächsten Runden erneut, muss er sie wieder dazuschreiben. Wer zuerst alle Zahlen auf seinem Blatt durchstreichen konnte, hat gewonnen!

21

Alle Mitspieler einigen sich auf eine zweistellige Zahl, zum Beispiel 21. Es wird reihum gewürfelt. Ist ein Mitspieler an der Reihe, zählt er die Augen und addiert sie zu seinen vorherigen Würfen. Wer die 21 zuerst erreicht, ist Sieger. Wer die Zahl überschreitet, muss von vorn anfangen.

Bauklötze

Bauklötze sind ein super Spielzeug – und so vielseitig! Stelle sie dir aus Holzresten selbst her. Sammle am besten erst einmal eine ganze Kiste voll an geeigneten Stücken. Dann feile die Ecken und Kanten der Klötze glatt und male sie nach Belieben an. Viel Spaß beim Spielen!

Deine Klötze kannst du immer wieder neu auftürmen oder Bilder und Figuren damit legen. Verändere sie mit kleinen Holzscheiben und anderen Materialien.

Der Körper dieses kleinen Hundes lässt sich beliebig verlängern (siehe unten).

Hallo, Herr Fuchs!

Und welches Tier verbirgt sich hier?

Advent, Advent ...

Diese Figuren bestehen aus zusammengeleimten Kanthölzern, die du bemalst oder beklebst. Wie wäre es mit einem König, einem Engel oder einem Nikolaus? Vielleicht magst du dir gleich vier Figuren basteln, die mit dir zusammen auf Weihnachten warten.

König

Wie du die Grundform zusammenklebst, siehst du im Kasten links unten. Leim trocknen lassen und alle Teile anmalen. Auf dem Kopf sitzt eine Krone aus Goldfolie.

Klebe dem König einen Bart aus Watte und einen Gürtel aus Schleifenband an. Die Figur eignet sich gut als Kerzenhalter.

Diese Teile brauchst du für den König.

Nikolaus

Die Holzteile für den Nikolaus siehst du im Kasten rechts. Klebe sie so zusammen, dass die Arme etwas nach vorne abstehen. Drücke die Arme fest an und fixiere sie eventuell mit einer Schraubzwinge, bis der Leim getrocknet ist.

Das sind die Holzstücke, die du für den Nikolaus benötigst.

Nun kannst du den Nikolaus bemalen und ihm einen langen Bart ankleben. Schneide Handschuhe aus Filz aus und klebe sie an die Arme.

Der Sack für die Geschenke darf natürlich nicht fehlen! Schneide dafür ein quadratisches Stück Jute zurecht, raffe die Kanten zusammen und binde den Sack oben mit einem Band zu. Vergiss nicht, etwas Schönes hineinzufüllen!

Geschwind wie der Wind

Schnelle Fahrzeuge sind dir am liebsten? Dann sind dieses Rennauto und das Flugzeug genau das Richtige für dich. Auf die Plätze, fertig ... und losgebastelt!

Rennauto

Ein rechteckiges Holzstück anmalen und die Farbe trocknen lassen. Vier Schraubverschlüsse von Flaschen als Räder ankleben oder anschrauben. Bohre dafür vier Löcher im Holz vor und je ein Loch in die Mitte der Räder. Die Schrauben nicht zu fest anziehen, damit die Räder sich noch drehen können.

Der Kühler des Autos besteht aus dem Drahtverschluss einer Sektflasche. Der Fahrer ist ein bemalter Flaschenkorken und die Windschutzscheibe ein Stück Buntpapier.

Tipp

Wenn du gemeinsam mit Freunden gebastelt hast, könnt ihr mit euren Autos ein Rennen fahren. Dazu braucht ihr eine schräge Piste, zum Beispiel ein Brett, das ihr gegen eine Treppe lehnt. Lasst die Autos nun von oben hinuntersausen. Wer ist als Erster im Ziel?

Sportflugzeug

Die Kästen unten zeigen dir, aus welchen Holzstücken du diesen Flieger zusammenklebst. Lass alles trocknen und male dein Flugzeug an. Wenn du magst, klebst du noch Fenster aus Tonkarton auf.

Die ersten vier Holzteile so zusammenkleben.

Eine Leiste als Tragfläche aufkleben.

Räder und vorn eine Holzscheibe als Propeller anschrauben.

Bretter und Platten

Bretter aus Tischlerplatten, Spanplatten, Hartfaserplatten und Sperrholzplatten sind vielseitig einsetzbar. Du kannst daraus Spiele, Puzzles, Nagelbilder, Spielfiguren und viele andere Dinge gestalten. Wenn du gern sägst, sind die Basteleien in diesem Kapitel genau das Richtige für dich.

Allerlei Plättchen

Aus großen Platten lassen sich viele kleine Plättchen sägen, die du für verschiedenste Dinge und Spiele nutzen kannst. Du brauchst ein bisschen Geduld: Gerade Kanten zu sägen ist gar nicht so einfach!

Die Spiele auf dieser Seite bestehen aus 20 bis 30 Plättchen. Teile dafür ein Sperrholzbrett mit Lineal und Bleistift in etwa 5 x 5 Zentimeter große Quadrate auf. Befestige das Brett mit Schraubzwingen an deiner Werkbank und säge an den Linien entlang. Glätte die Ränder der Plättchen mit Schmirgelpapier.

Zahlendomino

Schreibe mit einem Filzstift zwei beliebige Zahlen von 0 bis 6 auf jedes Holzplättchen. Du kannst auf ein Plättchen auch zweimal die 1 oder zweimal die 6 usw. schreiben. Insgesamt sollte jede Zahl ungefähr gleich oft vorkommen. Zwischen die beiden Zahlen kannst du noch einen dicken Strich ziehen. Fertig ist dein eigenes Domino-Spiel!

Lustige Tiere

Male die Umrisse verschiedener Tiere – auch Fantasiewesen – auf die Plättchen. Achte beim Zeichnen darauf, dass die Körperteile an den Kanten zusammenpassen. Jetzt kannst du die Plättchen mischen und immer wieder neu zusammenlegen.

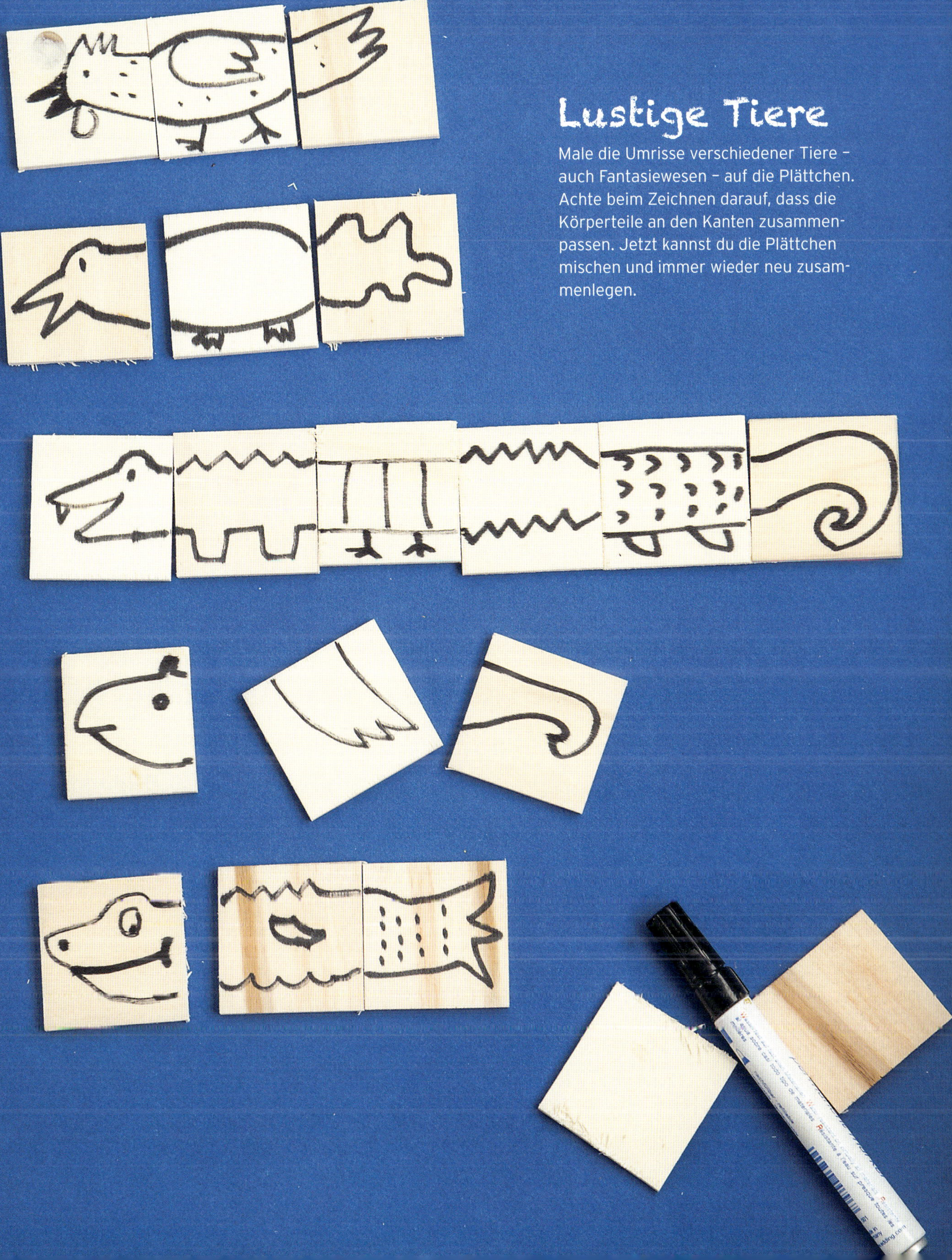

Tangram

Tangram ist ein jahrhundertealtes Legespiel aus China, das auch unter dem Namen Siebenschlau bekannt ist. Es besteht aus sieben Teilen, sogenannten Tans, die man zu immer neuen Formen zusammensetzen kann. Es gibt weit über 1000 Möglichkeiten!

Für die sieben Tans benötigst du ein quadratisches Stück Sperrholz mit etwa 21 Zentimeter Kantenlänge. Teile das Quadrat mit Geodreieck, Lineal und Bleistift in 16 kleinere Quadrate auf. Sie müssen gleich groß sein. Diese kleinen Quadrate dienen dir als Hilfslinien für die Tans. Zeichne die Formen wie im Bild zu sehen mit einem dicken farbigen Stift vor und säge sie aus. Zum Schluss schmirgelst du die Kanten mit Schleifpapier glatt und malst die Flächen an.

Hier siehst du einige Figuren, die du mit den Tans legen kannst. Probiere gleich einmal aus, sie nachzulegen! Welche Motive fallen dir noch ein?

Pferd

Fisch

Ente

Segelschiff

Hase

Hund

Ein Bäumchen steht im Walde …

Diese Bäume sind nicht nur eine schöne Dekoration, du kannst sie auch als Kulisse verwenden, um Märchen nachzuspielen. Deshalb bastelst du dir am besten gleich einen ganzen Wald, denn der steckt bekanntlich voller Geschichten …

Laubbaum oder Tanne?

Für die Tanne sägst du ein spitzes Dreieck aus einer Platte aus. Der Stamm besteht aus einem kurzen Stock. Du kannst ihn entweder hinter das Dreieck kleben oder ein Ende mit einem Schnitzmesser einkerben und das Dreieck hineinsetzen. Auch diese Variante hält mit Klebstoff noch besser. Klebe den Stamm auf ein Stück Holz, damit deine Tanne gut stehen kann.

Den Laubbaum zeichnest du in einem Stück – also Krone und Stamm – auf eine Platte. Am unteren Ende des Stamms lässt du einen kleinen Steg stehen, den du in die Fußplatte steckst. Dafür sind kleine Holzreste bestens geeignet, die du noch in Form sägen kannst, wenn du magst.

So sieht eine Fußplatte für den Laubbaum aus. Bohre ein Loch hinein und weite es mit dem Schnitzmesser zu einem passenden Schlitz für den Steg aus.

Im Hexenwald

Male die Bäume an und stelle sie auf. Was meinst du, kommen noch ein paar Waldbewohner dazu? Vielleicht stellst du auch ein knuspriges Hexenhäuschen in den Wald oder lässt einen Wolf umherstreifen?

Tipp

Male das Innere einer Obstkiste an und stelle deinen Wald samt Bewohnern hinein. Dort kannst du mit ihnen spielen und sie aufbewahren.

Zwei großmäulige Katzen

Diese beiden Katzen haben eine ganz schön große Klappe! Die eine frisst am liebsten Murmeln oder Knöpfe, die andere ist ein hübscher Taschenspiegel. Vielleicht hast du Glück und bekommst aus der Restekiste im Baumarkt oder vom Tischler ein Brett mit einem ausgesägten Loch. Du kannst es aber auch selbst aussägen.

Wurfspiel

Klebe zwei Holzdreiecke als Ohren auf das Brett und zwei Stützen an die Seiten (siehe Kasten). Male alles an, dann klebe zwei Knopfaugen und einen Schwanz aus Papier an den Körper.

Zum „Füttern" stellst du die Katze hinter einer Linie auf und versuchst, Murmeln oder Knöpfe in das Maul zu werfen. Wie viele Treffer erzielst du? Wenn mehrere Spieler mitmachen, könnt ihr reihum werfen und eure Punkte zählen.

So sieht die unbemalte Form aus.

Tipp

Um ein Loch in ein Brett zu sägen, zeichne die Form auf und bohre auf der Linie ein kleines Loch hindurch. Es muss so groß sein, dass das Sägeblatt einer Laubsäge gut hindurchpasst. Löse mit Hilfe eines Erwachsenen das Sägeblatt von der Laubsäge, ziehe es durch das Loch und spanne es wieder ein. Nun kannst du lossägen!

Spieglein, Spieglein ...

Zunächst malst du die Umrisse der Katze auf ein etwa DIN-A4-großes Stück Sperrholz und sägst die Form mit einer Laubsäge oder einer kleinen Handsäge aus (siehe Kästen). Anmalen und dann Augen und einen Taschenspiegel als Maul aufkleben.

Vergiss beim Zeichnen nicht den langen Hals!

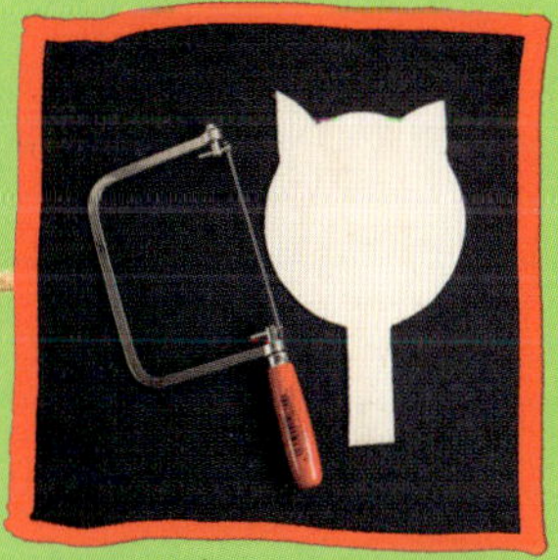

So sieht die unbemalte Form aus.

Nun kannst du den Katzenkopf am Hals anfassen und mutig in das Maul schauen.

Lustige Gesellen

Auf Sperrholz kannst du prima zeichnen. Denk dir Figuren wie Männchen, Vögel, Fische oder auch Fantasiegestalten aus und zeichne sie mit einem weichen Bleistift auf.

Sägen, malen, klammern

Das Aussägen mit einer Laubsäge braucht etwas Übung. Am besten fängst du mit möglichst einfachen Umrissen an. Die Arme und Beine brauchst du nicht auszusägen, sie bestehen aus Wäscheklammern.

Male die ausgesägten Figuren bunt an. Wenn die Farbe getrocknet ist, setze die Wäscheklammern als Arme und Beine an die passenden Stellen und male auch sie an. Auf den Beinen können deine Figuren prima stehen.

Lila Elefant

Er hat Beine aus großen Holzklammern. Das Ohr ist eine Holzscheibe.

Kinder

Wenn du magst, kannst du den Figuren noch Schuhe aus Holzresten oder Tonpapier an die Beine kleben.

Streifen-Nashorn

Dieses schicke Nashorn hat Füße aus passend zurechtgesägten Holzresten. Eine kleine Wäscheklammer dient als Schwanz.

Hampelmaus und Hampelmann

Für diese lustigen Hampelfiguren brauchst du Sperrholzplatten, Briefklammern und Schnur. Mit Farbe, bunten Knöpfen, Perlen und Bändern kannst du sie nach Belieben verzieren und noch viele weitere Wesen und Märchengestalten basteln: Katzen, Raben, Hexen, Könige ... Eine ganze Hampelgesellschaft!

Bei den schwarzen Kreuzen Löcher für die Fäden bohren, bei den roten Kreuzen Löcher für die Briefklammern.

Fledermaus

1. Die Umrisse für Körper und Flügel auf eine Sperrholzplatte zeichnen, aussägen, anmalen und trocknen lassen.
2. Löcher in die Flügel und den Körper bohren (siehe Kasten).
3. Einen Faden durch die dafür vorgesehenen Löcher ziehen. Der Faden darf nicht stramm sitzen. Er braucht etwas Spiel, damit die Flügel sich bewegen können.
4. Zwei Briefklammern von vorne durch den Körper und die Flügel stecken und befestigen.
5. Jetzt den Faden zwischen den beiden Flügeln verknoten. Dann einen langen Faden mittig an den ersten Faden knoten (siehe Kasten rechts unten).
6. An das andere Ende des langen Fadens eine Perle knoten.

Zappel-Zauberer

Abrakadabra! Der Zauberer wackelt mit Armen und Beinen, wenn du an der Schnur ziehst. Du bastelst ihn wie die Fledermaus. Anstatt der Flügel bekommt der Zauberer aber ein Arm- und ein Beinpaar, in die du die Löcher für die Briefklammern und die Fäden bohrst. Du brauchst zwei kurze Fäden – jeweils einen für die Arme und einen für die Beine – und einen langen Faden zum Ziehen. Diesen Faden verknotest du erst mit dem oberen Faden für die Armbewegung, dann mit dem unteren Faden für die Beine.

Oben durch den Hut einen Faden zum Aufhängen ziehen und verknoten.

Diese Teile brauchst du für den Zauberer.

So werden die Fäden auf der Rückseite verknotet.

Kreise und Dreiecke

Runde Formen auszusägen erfordert etwas Übung. Aber du hast es bestimmt bald raus und kannst dir dann in wenigen Schritten deinen eigenen Kreisel basteln. Dreiecke sind da schon etwas einfacher auszusägen. Sehen sie nicht toll aus, diese windschnittigen Mini-Surfbretter?

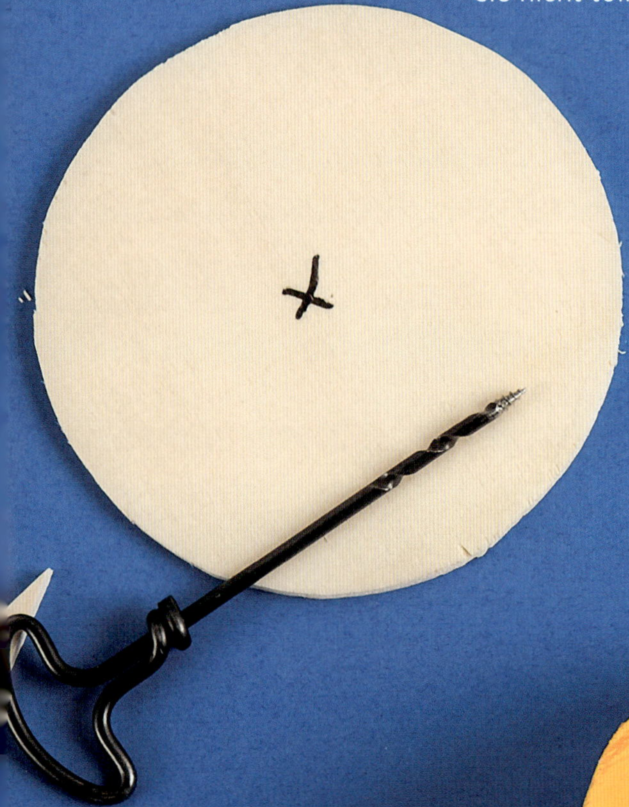

Alles dreht sich!

1. Zeichne einen Kreis auf ein Sperrholzbrett. Mit einem Zirkel geht das besonders gut. Du kannst aber auch eine Untertasse, ein Glas oder eine andere runde Form mit einem Stift umranden. Der Durchmesser sollte 5–10 Zentimeter betragen.
2. Säge die Form aus und glätte die Kanten mit Schmirgelpapier.
3. Male die Scheibe an und lass die Farbe trocknen.
4. Bohre ein Loch in die Mitte der Scheibe. Wenn du mit einem Zirkel gearbeitet hast, ist das der Punkt, wo die Spitze gesteckt hat. Verwende ansonsten ein Lineal, um die Mitte zu bestimmen. Erweitere das Loch mit dem Holzbohrer, sodass du einen Buntstift hineinklemmen kannst.

Zum Spielen drehst du das Ende des Stiftes ganz schnell zwischen Daumen und Zeigefinger, dann lässt du den Stift los und der Kreisel tanzt fröhlich herum.

Windsurfer

Säge ein etwa 10 x 15 Zentimeter großes Sperrholzbrett diagonal durch. So erhältst du zwei gleich große Dreiecke. Schmirgle die Kanten glatt und male die Dreiecke an. Dann klebe sie wie unten zu sehen aneinander.

Den Surfer zeichnest du auf festes weißes Papier und schneidest die Umrisse aus. Fixiere ihn mit Klebestreifen hinter dem Segel.

Wenn du mehrere Surfer gebastelt hast, kannst du sie gegeneinander antreten lassen. Dazu brauchst du eine glatte Fläche wie einen großen Spiegel. Von einer Startlinie aus lässt du die Surfbretter mit Schwung darübersausen. Wer kommt am weitesten?

Natürlich kannst du deine Surfer auch auf dem Wasser gleiten lassen.

Flieg, Entlein, flieg!

Diese Ente aus Sperrholz hat es bei Wind besonders eilig! Stelle sie draußen in einen Blumentopf oder einfach in den Garten.

1 Säge zwei Enten aus (siehe Tipp auf Seite 12).

2 Klebe eine dünne Leiste von etwa 50 Zentimeter Länge auf die erste Form.

3 Klebe die zweite Ente darüber. Lass alles trocknen und male die Ente an.

4 Bohre ein Loch durch Ente und Leiste.

5 Stecke ein etwa acht Zentimeter langes Holzstäbchen durch das Loch.

6 Schneide einen Flaschenkorken in der Mitte durch und male die beiden Hälften gelb an.

7 Bohre ein Loch durch die Mitte beider Korkenhälften.

8 Bohre weitere Löcher seitlich in die Korken. Dort hinein steckst du die Federn. Fixiere sie zusätzlich mit Klebstoff.

9 Stecke auf jeder Seite der Ente einen Korken auf das Holzstäbchen und darauf jeweils eine Perle. Fixiere diese zusätzlich mit etwas Klebstoff.

Am Ufer eines kleinen Teiches fühlt deine Ente sich besonders wohl.

Tipp

Ein Erwachsener kann die Form der Ente auch mit einer Stichsäge aussägen.

Ein Haus für alle Fälle

Dieses kleine Häuschen hast du im Nu aus Brettern zurechtgesägt und zusammengeleimt. Es eignet sich als Puppenhaus, als weihnachtliche Krippe oder auch als Vogelhaus, das du im Winter auf dem Balkon oder im Garten aufhängen kannst.

Diese Bretter brauchst du für das Haus (Maße = Höhe x Breite x Dicke):

Für die Seitenwände: zwei Bretter, ca. 25 x 12 x 2 Zentimeter

Für die Böden: zwei Bretter, ca. 12 x 12 x 2 Zentimeter

Für das Dach: ein Brett von ca. 14 x 12 x 2 Zentimetern, das zweite Brett von ca. 12 x 12 x 2 Zentimetern

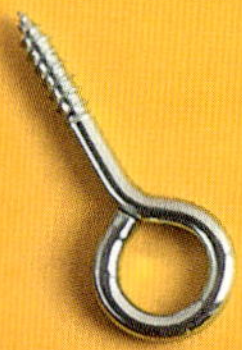

Eine Seitenwand so vor dich hinlegen und die beiden Boden-Bretter auf die Enden kleben.

Die zweite Seitenwand darüberkleben.

Die beiden Bretter für das Dach so zusammenkleben.

Das Haus hochkant stellen und das Dach auf dem oberen Boden festkleben.

Fertig ist das Zuhause für deine kleinen Püppchen

Und so könnte dein Haus im Advent aussehen.

Tipp

Mit gutem Holzleim wird dein Haus wunderbar halten. Trotzdem kannst du zur Sicherheit noch ein paar Nägel durch die Klebestellen schlagen.

Vogelhaus

Auch als Futterstelle für Wintervögel ist das Häuschen bestens geeignet. Um es aufzuhängen, schraubst du oben in das Dach eine Ringschraube, durch die du eine Schnur oder eine Kette ziehen kannst.

Tipp

Drehe eine weitere Ringschraube in den unteren Boden. Daran kannst du Meisenknödel befestigen.

Insektenhotel

Insektenhotels sehen nicht nur hübsch aus, sie tun auch der Umwelt gut. Marienkäfer, Flohrfliegen, Ohrenkneifer und viele andere Insekten nutzen sie zum Nisten und zum Überwintern. Dabei hat jedes Tier so seine Vorlieben, wie das Hotel ausgestattet sein soll. Erkundige dich, welche Materialien Hummeln, Schmetterlinge und Co. bevorzugen, und begib dich dann auf die Suche nach den richtigen Hölzern.

1. Lege alle Materialien, die du im Insektenhotel unterbringen möchtest, bereit. Wie du sie präparierst, liest du unter A bis D nach.
2. Baue aus passenden Brettern die Grundform für das Haus (siehe zum Beispiel Seite 90/91). Die Länge der Bretter und der Abstand zwischen den Etagen richtet sich nach der Größe und Menge der Materialien, mit denen du das Hotel ausstatten möchtest. Probiere auf deiner Werkbank erst einmal mit allen Teilen ein bisschen herum, bevor du die Bretter zusammenklebst.
3. Bemale das fertig zusammengeklebte Haus und lass die Farbe gut trocknen.
4. Damit die Hölzer und Zapfen nicht hinten aus dem Haus herausfallen, kannst du an der Rückseite Bretter festnageln. Aber wenn du das Material ganz fest und dicht an dicht in das Hotel stopfst, hält es auch so.
5. Befülle das Insektenhotel.

A – Kanthölzer

Säge passende Stücke zurecht und bohre jede Menge Löcher hindurch.

B – Bambus

Diese Holzart ist hohl und bietet damit idealen Unterschlupf für Insekten. Säge alle Halme auf eine Länge.

C – Trockene Hölzer

Auch Stöcke von anderen Bäumen und Sträuchern sind geeignet. Manche Insekten suchen sich in den Zwischenräumen ihren Platz oder arbeiten sich in das Holz. Säge diese Hölzer ebenfalls auf eine Länge.

D – Lochziegel

Sie lassen sich mit einem Hammer gut zerteilen. Male dort, wo du den Ziegel spalten möchtest, einen Strich auf. Dann schlage mit dem Hammer direkt daneben.

E – Zapfen

Stopfe möglichst viele Zapfen in den Dachgiebel …

F – Kaninchendraht

… und fixiere sie mit Kaninchendraht, den du rundherum festnagelst.

A B C E F D

Den Giebel kannst du noch mit bemalten Leisten verschönern.

Hänge das Insektenhotel im Garten oder an einer Hauswand auf. Nun kannst du beobachten, welche Gäste es besuchen.

Nagel-Bäume

Hier kannst du mal so richtig draufloshämmern. Das macht Spaß! Und danach bist du nicht nur ein Profi mit dem Hammer, sondern hältst auch zwei wunderschöne Nagel-Bäume in den Händen - zum Verschenken oder für dich selbst.

Sterne

Dieser Stern wurde aus Sperrholz ausgesägt und ist ein schöner Anhänger für den Tannenbaum.

Mit Nagel und Faden

Zuerst grundierst du ein Brett, etwa 15 x 25 Zentimeter groß, in einer Farbe deiner Wahl. Zeichne nach dem Trocknen mit Bleistift die Umrisse eines Baums auf. Entlang dieser Linie hämmerst du im Abstand von 1 Zentimeter Nägel in das Brett.

Umwickle die Nägel ringsum mit einem Wollfaden. Auf diese Weise erhältst du ein dreidimensionales Bild zum Verschenken, aber auch ein klangvolles Spielzeug. Lass einmal Glasmurmeln darin hin und her rollen!

So sieht der fertig genagelte Tannenbaum aus.

O Tannenbaum!

Säge ein Dreieck aus einer Holzplatte aus. Das ist die Baumkrone. Nagle eine Leiste als Stamm dahinter (siehe Kasten). Male den Baum an und lass ihn trocknen. Dann schlage Nägel in die Tanne ein. Nun kannst du den Baum mit Knöpfen, kleinen Päckchen und Perlen schmücken oder – wenn die Tanne groß genug ist – auch 24 Überraschungen für den Advent aufhängen.

Hier siehst du den Baum von hinten.

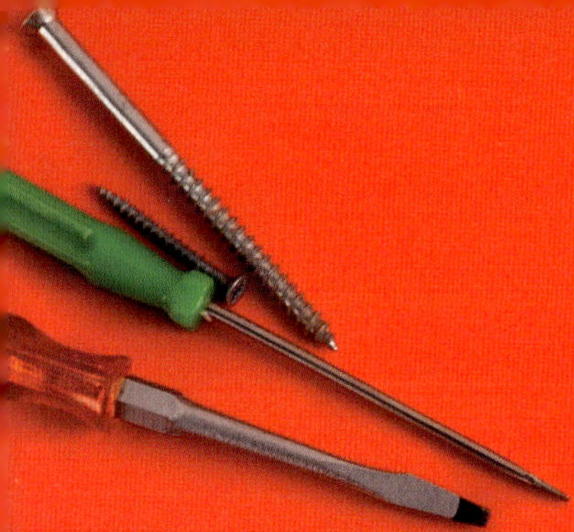

Wurfspiele

Geschicklichkeitsspiele machen Spaß – sogar noch viel mehr, wenn man die Spiele selbst hergestellt hat. Mit Brettern, Schrauben und Nägeln geht das ganz einfach. Leg am besten gleich los!

Buntes Wurfbrett

Du brauchst ein etwa 40 x 40 Zentimeter großes Brett, das du in rechteckige Flächen aufteilst. Diese malst du in verschiedenen Farben an. Ordne jeder Farbe eine Punktzahl zu: Zum Beispiel ergibt ein Treffer auf dem roten Feld 20 Punkte, auf einem gelben Feld zehn und auf einem blauen fünf.

In die Mitte jedes Rechtecks drehst du eine Hakenschraube. Bohre die Löcher eventuell vor.

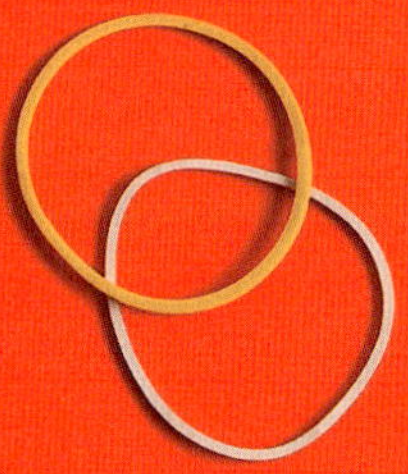

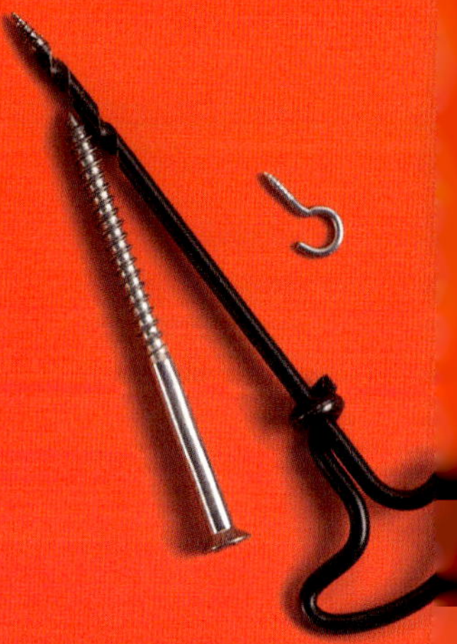

Zum Spielen lehnst oder hängst du das Brett an eine Wand. Die Spieler zielen reihum von einer vereinbarten Wurflinie aus mit Gummiringen auf die Haken. Jeder Spieler bekommt zehn Ringe. Wer hat am Schluss die meisten Punkte?

Wurfring-Roboter

Für dieses Spiel brauchst du zwei Bretter mit den Maßen 12 x 25 Zentimeter. Leime sie zusammen (siehe Kasten) und male die Figur in deinen Lieblingsfarben an. Augen und Mund nicht vergessen!

Nun schraubst und hämmerst du verschiedene Schrauben, Haken und Nägel in die Figur. Die Löcher für größere Schrauben musst du vorbohren.

Hier siehst du die noch unbemalten Bretter.

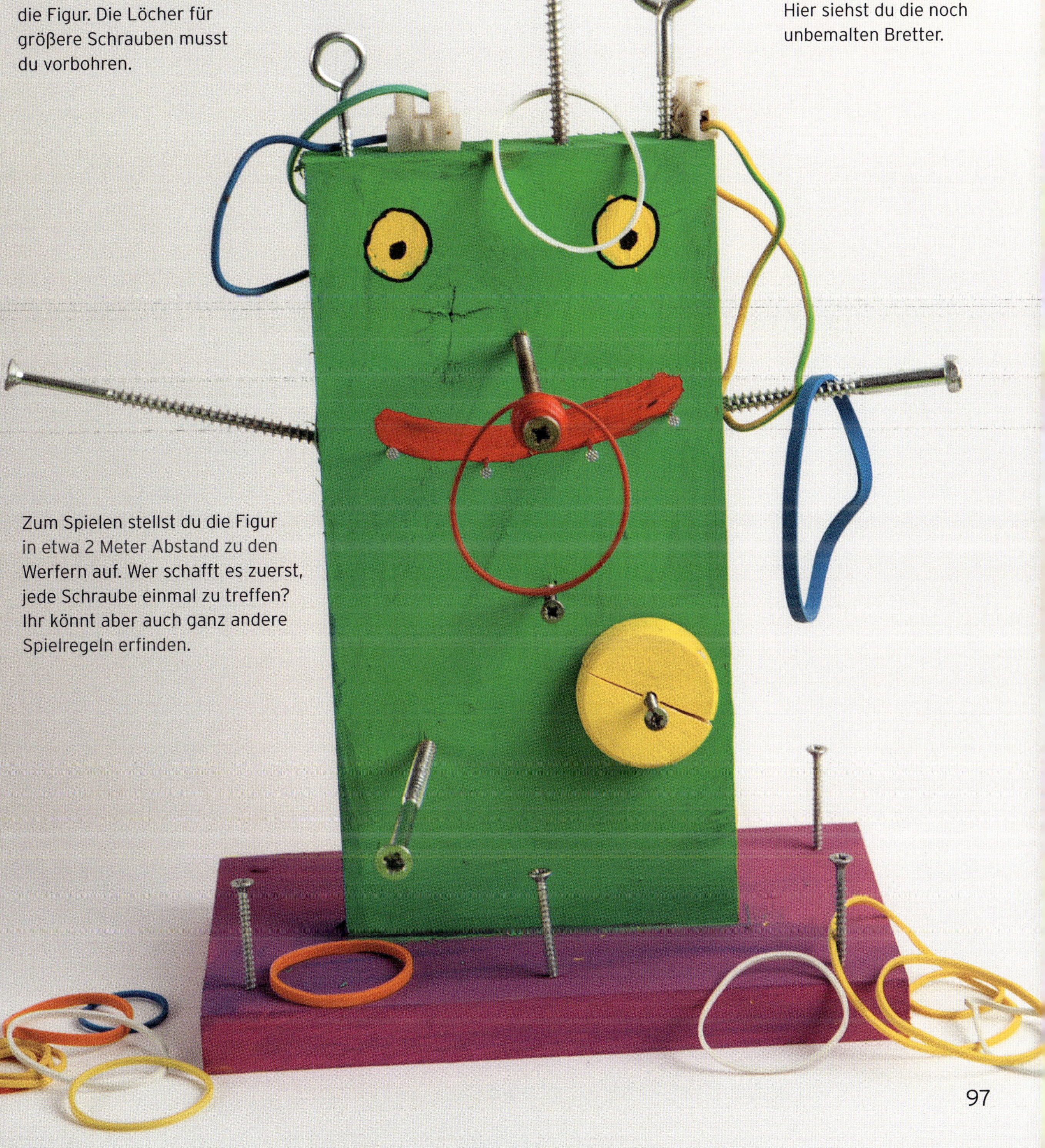

Zum Spielen stellst du die Figur in etwa 2 Meter Abstand zu den Werfern auf. Wer schafft es zuerst, jede Schraube einmal zu treffen? Ihr könnt aber auch ganz andere Spielregeln erfinden.

Platz nehmen, bitte!

Für deinen Teddy einen Stuhl zu bauen ist überhaupt nicht kompliziert. Du brauchst nur das richtige Material: zwei Latten mit etwa 40 Zentimeter Länge und zwei Latten mit etwa 20 Zentimeter Länge, außerdem ein großes Brett (etwa 25 x 25 Zentimeter), ein mittleres Brett (etwa 10 x 25 Zentimeter) und ein schmales Brett (etwa 25 cm lang). Mit Stoffresten und Reißzwecken oder Polsternägeln kannst du deinen Stuhl sogar polstern. Dich selbst wird der Stuhl nicht halten, aber Teddy wird sich freuen!

Teddys Platz

Leime den Stuhl wie in den Kästen zu sehen zusammen. Die Klebestellen immer gut zusammenpressen und eine Weile warten, bis der Klebstoff getrocknet ist. Verstärke die Klebestellen zusätzlich mit Nägeln. Lass dir dabei helfen, die Nägel einzuschlagen, denn zu zweit lässt sich das Holz besser festhalten. Zuletzt malst du den Stuhl schön bunt an.

1 Die kurzen Latten auf das große Brett (Sitzfläche) leimen.

2 Die langen Latten so hinter die Sitzfläche leimen, dass die vier Stuhlbeine gleich lang sind. Miss die genaue Länge der Latten dafür vorher aus.

3 Das mittlere Brett als Lehne anleimen. Das schmale Brett zur Verstärkung hinter den Stuhl leimen.

Königlicher Polsterstuhl

Falte die Stoffreste so zusammen, dass sie auf den Sitz und die Rückenlehne passen. Fixiere den Stoff mit Reißzwecken oder Polsternägeln auf den Brettern. Und wer darf hier Platz nehmen?

Dieser Polsterstuhl hat eine höhere Lehne.

Brett-Bilder

Bretter sind auch eine tolle Leinwand! Du kannst darauf mit Wasserfarben malen wie auf Papier. Aber auch andere Kunstwerke lassen sich damit gestalten.

Lochbrett

1 Du brauchst ein ca. 20 x 20 Zentimeter großes Brett. Zeichne mit Geodreieck und Stift im Abstand von 2 Zentimetern Punkte darauf.

2 Bohre ein Loch von ca. 5 Millimeter Durchmesser durch jede Markierung.

Um Bilder zu gestalten, brauchst du Fäden und Schnüre in verschiedenen Farben. Bevor du mit einem Faden loslegst, mach einen dicken Knoten in ein Ende, damit er nicht aus dem ersten Loch rutschen kann. Fädele das andere Ende auf eine Stopfnadel, so kannst du den Faden besser durch die Löcher führen und er franst nicht so schnell aus.

Gefällt dir ein Motiv nicht mehr, ziehst du die Fäden einfach wieder aus dem Brett und fängst von vorn an. Praktisch!

Blumenpresse

Du brauchst zwei gleich große, dünne Bretter in DIN-A4-Größe sowie Schrauben mit Flügelmuttern. Die Schrauben sollten so lang sein, dass sie durch beide Bretter passen und noch etwas überstehen. Hier sind sie 4 Zentimeter lang und haben einen Durchmesser von 6 Millimetern.

Die Bretter übereinanderlegen und in jede Ecke ein Loch bohren.

Die Schrauben von unten durch die Bohrlöcher des ersten Bretts stecken.

Mehrere Lagen Küchenpapier auf das Brett legen, darauf die Blumen, darauf wieder Papier.

4 Zum Pressen das zweite Brett auf die Schrauben stecken, die Flügelmuttern auf die Schrauben setzen und fest zudrehen. Nun brauchst du ein paar Tage Geduld. Dann löse die Muttern – und bestaune dein Kunstwerk!

5 Deine ersten gepressten Blumen kannst du zur Verzierung der Blumenpresse verwenden. Vielleicht magst du deine Presse auch anmalen oder mit buntem Papier bekleben.

Schatzkiste

Was wurde hier versteckt? Ein Piratenschatz? Geheime Briefe? Oder deine schönsten Basteleien? Verwende Bauholz für die Kiste, denn es ist nicht glatt gehobelt, sondern rau. Eine Schatzkiste muss schließlich alt aussehen!

Du kannst deine Kiste so groß bauen, wie du magst. Die hier angegebenen Maße dienen der Orientierung. Du brauchst sechs etwa 2 Zentimeter dicke Bretter:

Zwei Bretter für den Boden und für den Deckel: 14,5 x 25 Zentimeter
Zwei kurze Bretter für die Seitenwände: 11 x 11 Zentimeter
Zwei lange Bretter für die Seitenwände: 25 x 11 Zentimeter

Hinzu kommen zwei Scharniere für den Deckel und ein Verschluss (gibt es alles im Baumarkt). Wenn du deine Schätze besonders sicher verstauen möchtest, kannst du dir noch ein kleines Schloss mit Schlüssel besorgen.

Lege den Boden quer vor dich hin und leime die kurzen Seitenwände an die Enden. Dann leime eine lange Seitenwand hinter den Boden und die kurzen Seitenwände.

Leime die zweite lange Seitenwand vor den Boden und die kurzen Seitenwände. Wenn du die Kiste nun nach vorne kippst, liegt sie mit der Öffnung zu dir.

Bringe die Scharniere am Deckel an. Bohre die Löcher für die Schrauben vor.

Bohre die Scharniere an der Rückwand der Kiste fest. Achte darauf, dass die beweglichen Teile genau zwischen Deckel und Rückwand platziert sind.

5 Schraube den Verschluss vorne am Deckel an. Bohre auch hier die Löcher für die Schrauben vor.

6 Wenn du magst, kannst du die Kanten der Kiste noch mit Schmirgelpapier glätten.

Tipp

Du kannst deine Kiste an den Klebestellen mit Nägeln verstärken und sie zum Schluss noch anmalen.

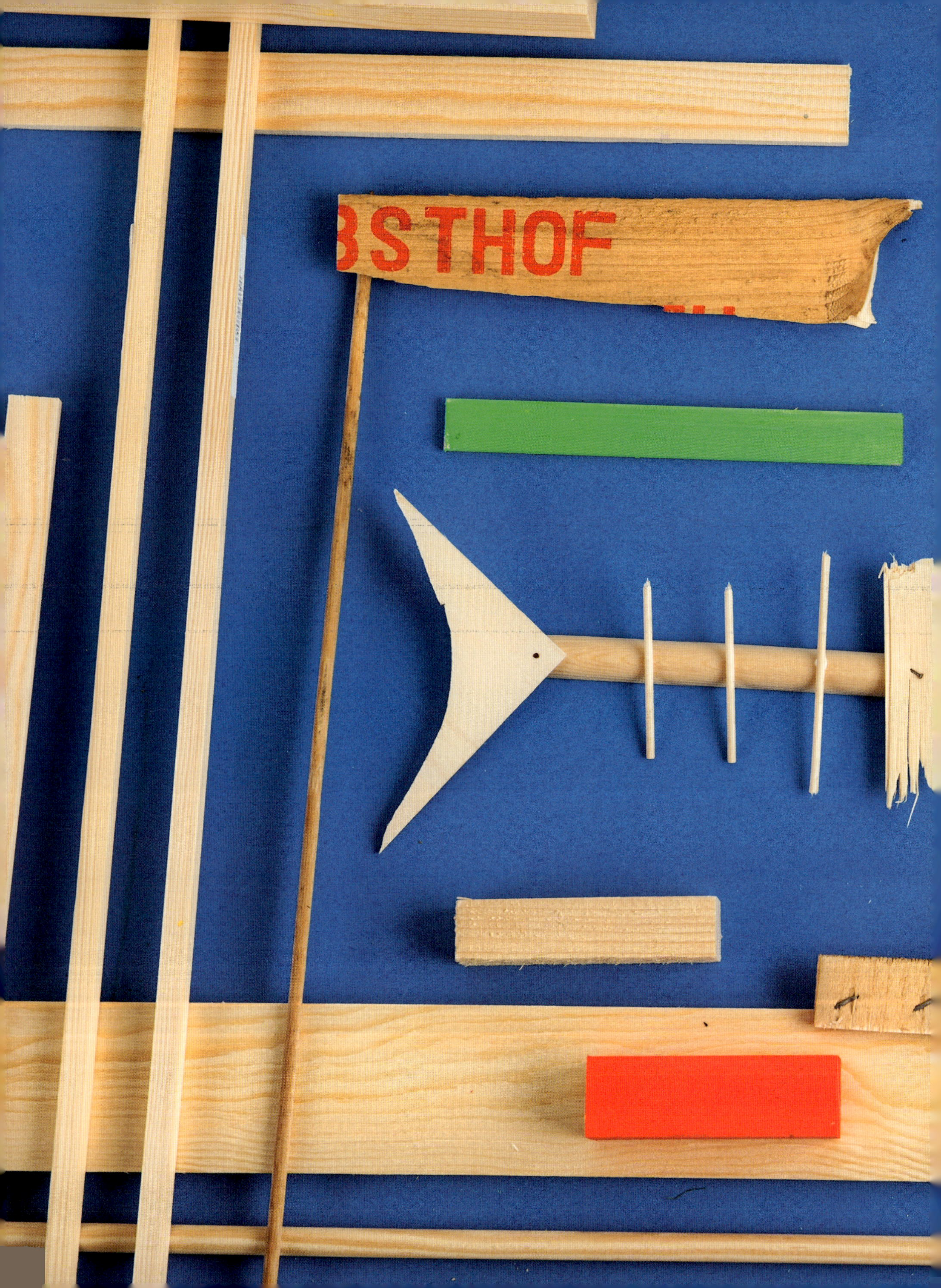
BSTHOF

Leisten, Latten, Rundstäbe

Wie wird aus einer einfachen geraden Leiste ein Kunstwerk, ein tolles Spielzeug, ein ganzes Labyrinth? In diesem Kapitel erfährst du es.
Wie alle Holzmaterialien gibt es Leisten, Latten und Rundstäbe in verschiedenen Stärken und Längen und mit unterschiedlichen Oberflächen: Manche sind glatt, manche rau. Probiere aus, welche für deine Basteleien am besten geeignet sind!

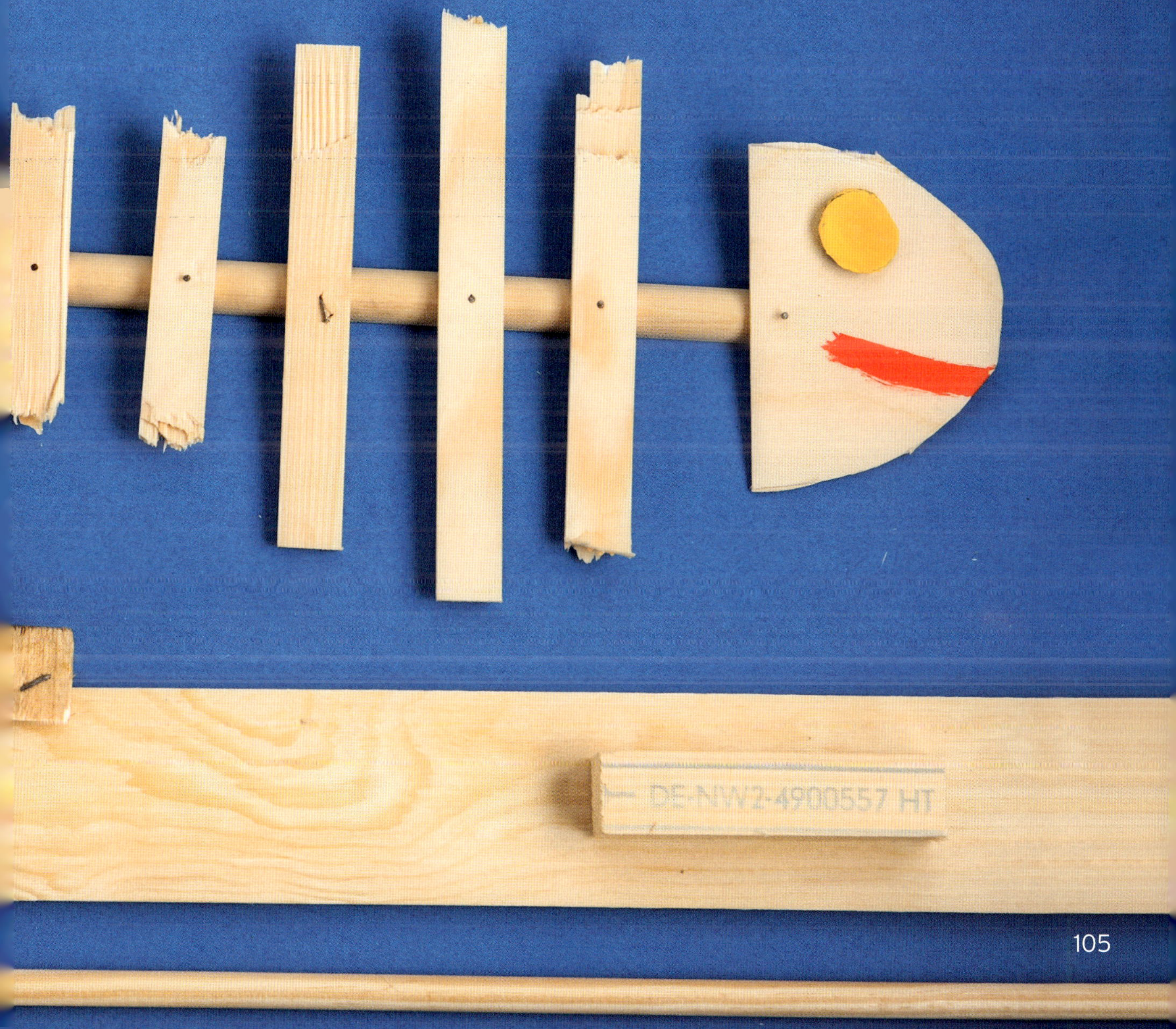

Leisten-Labyrinth

Ein Labyrinth ist ein Irrgarten, aus dem es nur einen Ausweg gibt. Die anderen Wege sind Sackgassen. Mit Murmeln wird ein tolles Geschicklichkeitsspiel daraus. Bevor du das Leisten-Labyrinth bastelst, zeichne die Gänge auf einem karierten Zettel vor und übertrage sie dann auf eine Holzplatte.

So sieht das vorgezeichnete Labyrinth aus.

Aus diesen Teilen bestehen die Außenwände.

1 Grundiere eine quadratische Holzplatte (ca. 25 x 25 Zentimeter) in deiner Lieblingsfarbe.

2 Zeichne das Labyrinth mit Lineal und Filzstift auf die Platte (siehe linker Kasten). Vergiss nicht, den Startpunkt zu markieren.

3 Miss die Längen der einzelnen Linien aus und schreibe sie dir auf. Dann zähle die Längen zusammen: Ungefähr so lang muss die Leiste sein, die du brauchst. Sie sollte etwa 5 Zentimeter breit sein. Bemale sie von beiden Seiten

4 Übertrage die Maße der einzelnen Linien mit Lineal und Stift auf die Leiste und säge die Stücke zu.

5 Klebe die Stücke auf die dafür vorgesehenen Stellen.

6 Für die Außenwände des Labyrinths sägst du drei 27 Zentimeter lange Leisten sowie zwei kürzere Stücke für den Ausgang zu (siehe rechter Kasten).

7 Male die Außenwände an, lass sie trocknen und klebe sie rings um das Brett.

8 Aus drei weiteren Leistenstücken kannst du ein Ausgangstor basteln und festkleben.

9 Markiere den Start zusätzlich mit einem kleinen Kreis aus Holz oder Papier, den du auf den Boden klebst.

Zum Spielen legst du eine Murmel auf den Startpunkt (siehe Pfeil) und nimmst das Labyrinth in beide Hände. Bewege es hin und her, um die Murmel in die richtigen Gänge zu dirigieren. Na, wie lange brauchst du zum Ausgang?

Es klappert die Mühle ...

Dieses Wasserrad besteht aus Leisten und Latten in verschiedenen Stärken. Nimm es mit nach draußen an einen kleinen Bach oder auch in den Sandkasten: Mit Sand lässt es sich ebenfalls gut antreiben.

Du brauchst:
Für das Gestell: vier 3 x 5 Zentimeter starke und 25 Zentimeter lange Latten
Für die Achse: ein 8 Zentimeter langes Kantholz mit 2 x 2 Zentimeter Kantenlänge
Für die Schaufeln: vier dünne Holzleisten, 8 x 13 Zentimeter, zum Beispiel von einer Obstkiste

Leime die vier Latten für das Gestell so zusammen und befestige sie zusätzlich mit Nägeln.

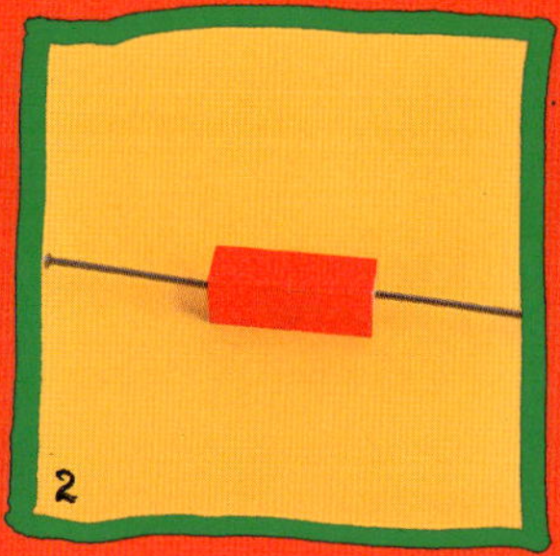

Schlage je einen langen Nagel in die beiden Enden des Kantholzes.

Nagle die Schaufeln an die Kanten des Kantholzes.

Das sieht dann so aus.

Die Kästen zeigen dir, wie du die einzelnen Teile des Wasserrads baust. Zum Schluss setzt du die Nägel wie im Bild rechts auf das Gestell und bringst darüber Krampen an, damit sie nicht herunterrutschen können.

Hier arbeitet das Wasserrad an einem kleinen Bach.

Zähl doch mal!

Lange bevor es Taschenrechner und Computer gab, haben die Menschen sich das Rechnen mit selbst gebauten Apparaten einfacher gemacht. Hier erfährst du, wie du dir so eine Rechenmaschine bauen kannst. Sie ist nicht nur praktisch, sondern auch hübsch anzusehen mit ihren vielen bunten Holzperlen.

Du brauchst zwei 30 Zentimeter lange Kanthölzer mit einer Kantenlänge von 4 Zentimetern und zehn Schaschlikspieße aus Holz. Und so wird gebastelt:

1 Lege beide Kanthölzer gerade vor dich hin. Nun markiere auf den dir zugewandten Seiten der Hölzer je zehn Punkte, alle 2,5 Zentimeter einen. Verwende dafür Lineal und Stift. Achte darauf, dass sich die Punkte auf beiden Hölzern auf einer Höhe befinden.

2 Bohre Löcher in die markierten Stellen. Sie sollten gleich tief sein und so groß, dass die Holzstäbchen hineinpassen.

3 Gib einen Tropfen Klebstoff in jedes Loch der ersten Leiste und stecke die Holzspieße hinein (siehe Kasten unten links).

4 Stecke die Perlen auf die Spieße. Es gibt zwei Varianten: Entweder du steckst auf jeden Spieß zehn Perlen oder du machst es so wie hier: Auf den ersten Spieß kommt eine Perle, auf den zweiten Spieß zwei und so weiter. Auf den letzten Spieß kommen dann zehn Perlen (siehe Kasten unten rechts).

5 Nun versieh die Löcher des zweiten Holzes mit Klebstoff und setze sie auf die Spieße. Am besten geht das zu zweit.

6 Wenn du die Rechenmaschine auf ein passendes Brett leimst, hat sie noch besseren Halt.

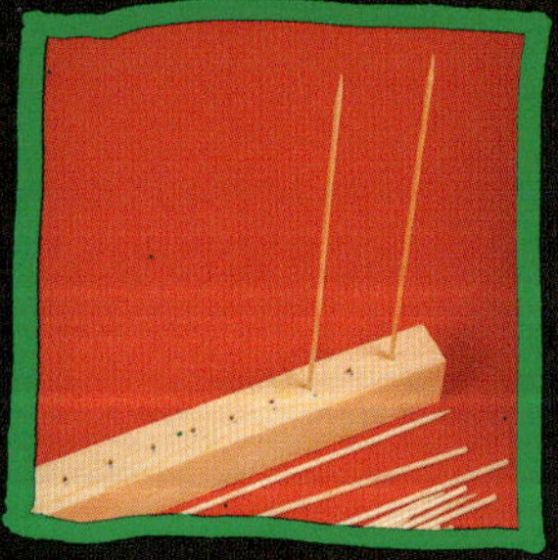

Hier wurden die ersten Spieße schon in das Kantholz gesteckt.

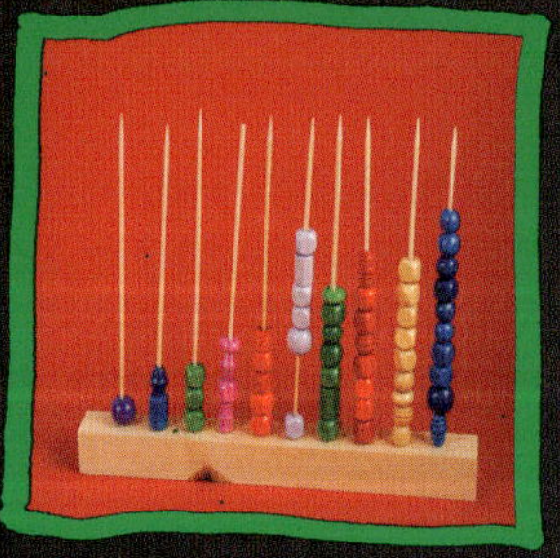

Mit bunten Perlen sieht deine Rechenmaschine besonders schön aus.

Und so funktioniert's:
Wenn du wissen möchtest, wie viel 3 + 4 ergibt, schiebst du die entsprechende Anzahl Holzperlen zur Seite und zählst sie zusammen. So haben die Menschen das schon vor Tausenden von Jahren gemacht.

Sonnenuhr

Wann bist du noch mal zum Spielen verabredet? Diese tolle Sonne mit den zwölf leuchtenden Strahlen erinnert dich daran. Mit einer selbst gebastelten Uhr ist Pünktlichsein ganz einfach.

1 Zwölf gleich lange, flache Leisten (etwa 15 x 1,5 Zentimeter) und eine Scheibe aus Sperrholz (Durchmesser etwa 7 Zentimeter) gelb anmalen. Mund und Augen aufmalen.

2 In die Mitte der Scheibe ein Loch bohren. Aus fester Pappe einen großen und einen kleinen Zeiger ausschneiden und durch beide ein Loch stechen.

3 Die Zeiger so auf die Sonne legen, dass alle drei Löcher übereinanderliegen. Eine Briefklammer durch alle Löcher stecken und auf der Rückseite befestigen – nicht zu fest, die Zeiger müssen sich noch drehen lassen.

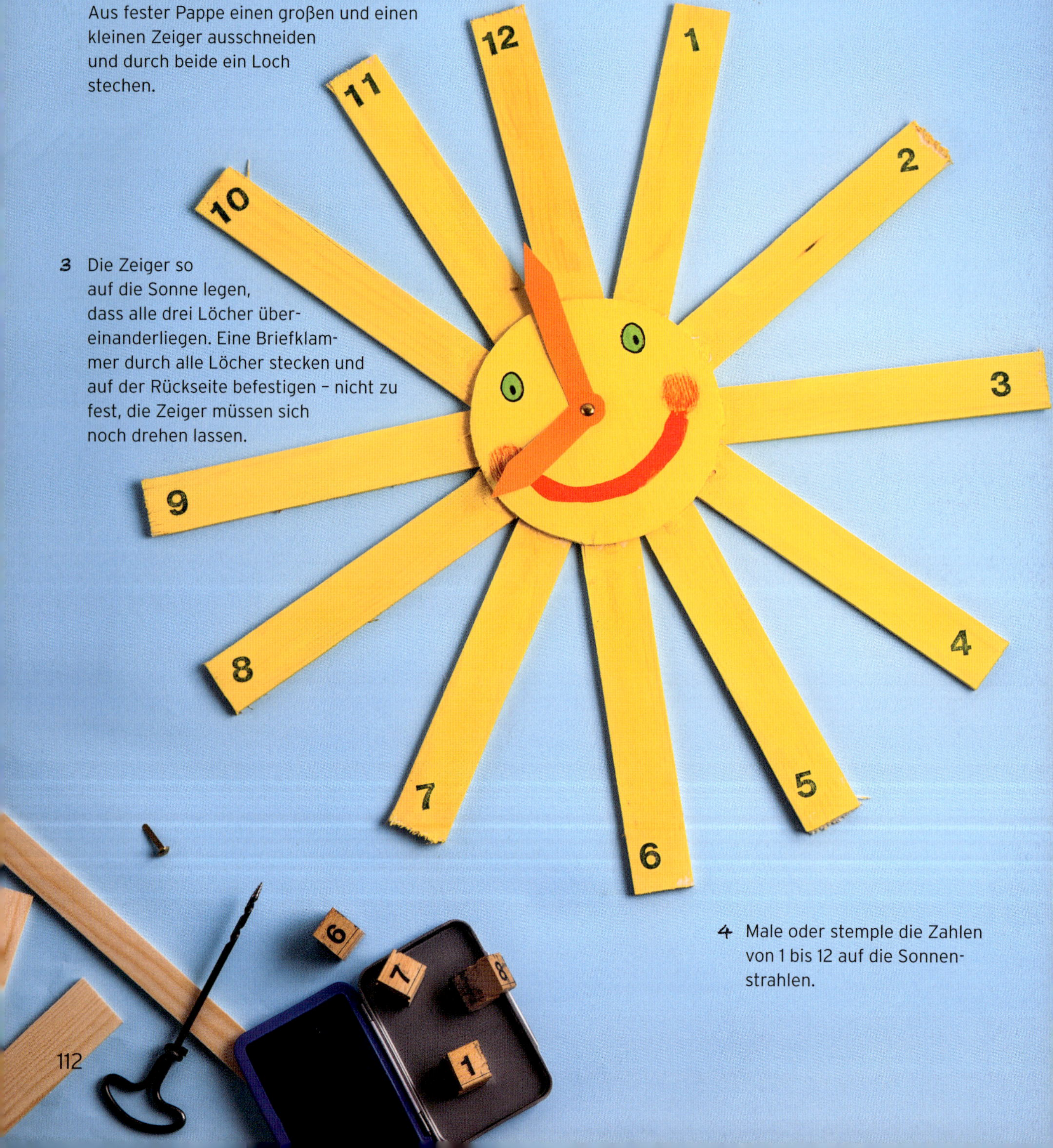

4 Male oder stemple die Zahlen von 1 bis 12 auf die Sonnenstrahlen.

Sterne

Dieser Stern ist aus sechs gleich langen Halbrundleisten zusammengenagelt. Fertige zunächst zwei Dreiecke an (siehe Kasten rechts) und nagle diese dann aufeinander. Male den Stern an und binde ein schönes Band an einen der Zacken. Daran kannst du ihn aufhängen.

Die Seiten dieses Dreiecks sind 30 Zentimeter lang.

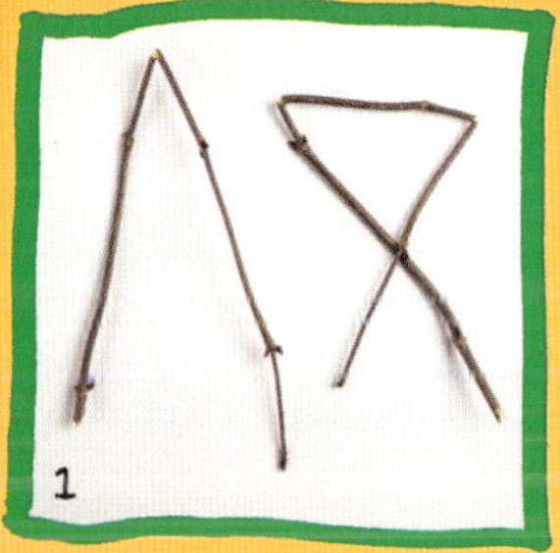

Und so bastelst du einen fünfzackigen Stern aus Zweigen: Knicke zwei Zweige wie im Bild zu sehen.

Lege die Zweige übereinander und binde sie mit Fäden zusammen.

Tipp

Schmucke die Sterne mit Bändern, Perlen oder anderen schönen Kleinigkeiten.

Geschickt aufgefädelt!

Leisten, durch die du Löcher gebohrt hast, kannst du auch auffädeln. So entsteht dieser lustige Gürteltier-Untersetzer für eine heiße Teekanne oder einen Spaghetti-Topf. Aber auch ohne Bohren lassen sich Leisten verbinden: Die Teile der bunten Schlange sind einfach auf ein langes Geschenkband geklebt.

Lege ein passendes Holzdreieck als Kopf zu den Leisten. Zeichne zwei waagerechte Linien über die Leisten und den Kopf.

Gürteltier

Bevor du dieses prächtige Gürteltier zusammenbasteln kannst, wartet etwas Säge- und Puzzlearbeit auf dich. Das Bild zeigt dir, welches Größenverhältnis die Leisten ungefähr haben sollten. Zur Orientierung: Hier sind die längsten Leisten in der Mitte 20 Zentimeter lang. Lege die Leisten zunächst in der richtigen Anordnung vor dich hin. Probiere ruhig ein bisschen hin und her!

Regenbogenschlange

Acht gleich lange Leistenstücke in den Farben des Regenbogens anmalen und trocknen lassen. Ein weiteres Leistenstück zu einem Schlangenkopf schnitzen und ebenfalls anmalen. Dann ein langes Geschenkband über alle Teile kleben. Ein Stück Band über den Kopf herausragen lassen, das ist die Zunge.

So das Band aufkleben.

Bohre auf den Linien Löcher durch die Leisten.

In den Kopf bohrst du ebenfalls zwei Löcher.

Fädle alle Leistenstücke und den Kopf mit zwei langen Bindfäden auf. Die Enden gut verknoten.

5 In die kurzen Leistenstücke für Beine und Schwanz jeweils ein Loch bohren. Weitere Löcher dort in den Körper bohren, wo diese Teile angeknotet werden sollen. Dann mit Fäden verbinden.

6 Kleine Holzscheiben als Ohr und Auge aufkleben und einen Mund aufmalen.

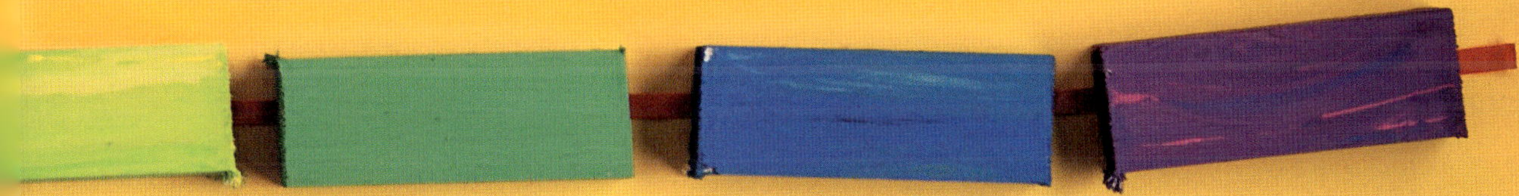

Für mutige Ritter

Wer einen Drachen bekämpfen möchte, der braucht die richtige Ausrüstung – und natürlich einen Drachen. Dieses Exemplar kann sein Maul sogar aufreißen und wieder schließen.

Drache

Die beiden Teile für den Kopf sind aus Sperrholz ausgesägt. Male sie an und klebe sie auf die selbst gebastelten Scheren (siehe Kästen). Zum Spielen nimmst du die anderen Enden der Scheren in die Hände und machst sie auf und zu. Wen schnappt sich der Drache?

Schwert

Säge eine etwa 40 Zentimeter lange Latte an einem Ende spitz zu. Dann säge eine kleine Leiste als Parierstange zurecht. Beide Teile silberfarben ansprühen, trocknen lassen und über Kreuz zusammenkleben. Verziere die Parierstange mit einer Schnur.

Für eine Schere zwei dünne, gleich lange Leisten grün anmalen, über Kreuz legen und ein Loch durch die Mitte bohren. Mit einer Briefklammer zusammenheften.

Eine zweite Schere basteln und mit Briefklammern an die erste heften.

Schild

Säge den Schild aus einem Din-A-4-großen Stück Sperrholz aus und bemale ihn von beiden Seiten. Auf die Vorderseite kommt dein Wappen: Das kann zum Beispiel dein Lieblingstier sein oder auch der Anfangsbuchstabe deines Namens.

Befestige mit einem Basteltacker ein Band zum Festhalten auf der Rückseite des Schildes.

Holzpuppen

Diese Puppen sind nicht nur ein echter Hingucker, sondern auch sehr beweglich. Arme und Beine lassen sich in unterschiedliche Positionen bringen. So kannst du die Puppen, hinstellen, -setzen oder -legen.

Für eine Puppe brauchst du eine ca. 70 Zentimeter lange Leiste mit 2 Zentimeter Kantenlänge und eine 20 Zentimeter lange Latte mit 2 x 4 Zentimeter Kantenlänge. Aus der Leiste sägst du Arme, Oberschenkel, Unterschenkel und Schuhe zu. In die Latte schnitzt du einen Hals (siehe großes Bild).

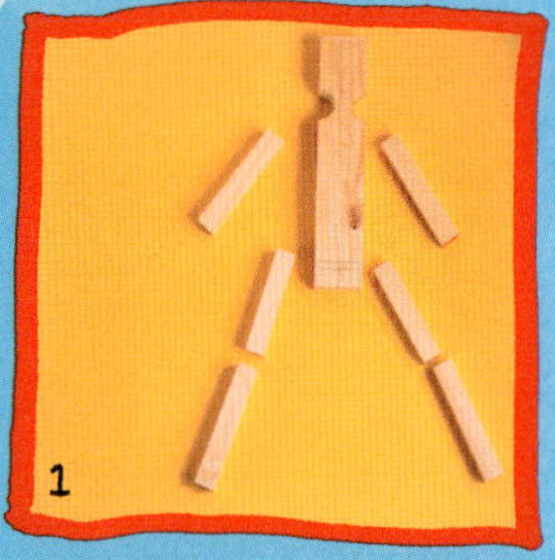

Diese Teile brauchst du für eine Holzpuppe.

Bohre vier Löcher dort in die Seiten des Körpers, wo Arme und Oberschenkel angebracht werden. Bohre in Arme und Oberschenkel jeweils ein Loch und befestige sie mit Schrauben am Körper.

So sieht die Figur von vorn aus. Überprüfe, ob du die Schrauben auch nicht zu fest ins Holz gedreht hast. Du musst Arme und Beine der Puppe noch bewegen können.

Links siehst du, wie Ober- und Unterschenkel miteinander verbunden werden: einfach Löcher bohren und die Teile mit Fäden verbinden. Male die Leisten für die Schuhe an und klebe sie mit Leim an die Beine.

Soll die Puppe so auf ihrem Bänkchen sitzen?

Oder so? Sieht doch sehr gemütlich aus!

5 Nun kannst du deine Puppe noch anmalen und ihr Haare und Kleidung ankleben. Das Mädchen trägt einen Rock aus einem Stück Stoff und darüber einen Gürtel aus Geschenkband.

Holz klingt!

Ob du auf der Gummiband-Gitarre zupfst oder ein Windspiel aus verschiedenen Fundstücken aufhängst: Holz erzeugt schöne Klänge, und zwar ganz verschiedene, je nach Baumart, Form und Zustand. Experimentiere einfach mal damit! Welche Musikinstrumente aus Holz kennst du noch?

Gitarre

Du brauchst eine Sperrholzplatte (ca. DIN-A-4-groß) für den Korpus und eine Leiste für den Hals (ca. 30 x 5 x 0,5 Zentimeter).

1 Zeichne den Korpus auf die Sperrholzplatte und säge ihn mit einer Laub- oder kleinen Handsäge aus. Zeichne ungefähr in die Mitte der Form einen Kreis.

2 Nagle den Korpus auf den Hals.

3 Schlage fünf Reihen Nägel in den Hals, in jede Reihe kommen vier Stück. Achte darauf, dass die Nägel sich senkrecht und waagerecht auf einer Höhe befinden. Am besten zeichnest du die Punkte mit Lineal und Stift vor.

4 Nagle ein kleines Brett als Steg unter den Kreis. Schlage vier Nägel in den Steg. Achte darauf, dass sie sich auf einer Linie mit den anderen Nägeln befinden.

5 Drehe vier Schrauben seitlich in den Hals.

6 Spanne Gummibänder über die Nägel.

Nun kannst du loszupfen. Na, wie klingt das?

Schlage mit einem Stock gegen die einzelnen Hölzer, dann ertönt ihr Klang auch bei Windstille.

Windspiel

Klackerdiklack! Bei leichtem Wind erzeugen die gegeneinanderschlagenden Hölzer eine schöne Melodie. Verwende möglichst verschiedene Hölzer für dein Windspiel, zum Beispiel Leisten, Rundstäbe, Stöcke ... So erklingen ganz vielfältige Töne.

Und so bastelst du das Windspiel: Bohre Löcher durch die Hölzer und knote Fäden daran. Dann bohrst du Löcher durch eine Latte von ca. 30 x 6 x 1,5 Zentimetern. Die Anzahl der Löcher ist die Anzahl deiner Hölzer plus zwei weitere Löcher ganz außen. Nun bindest du die Hölzer an die Latte, fädelst eine Holzperle auf jeden Faden und verknotest sie. So können die Fäden nicht aus dem Loch rutschen. Durch die äußeren Löcher ziehst du einen langen Faden und fixierst diesen ebenfalls mit Perlen. Daran hängst du dein Windspiel auf.

Klammern, Löffel, Bürsten

Holz findest du nicht nur im Wald, im Baumarkt oder beim Tischler, sondern auch bei dir zu Hause. Viele Gegenstände, die wir alltäglich benutzen, bestehen daraus. Halte Ausschau nach ausgedienten Haushaltshelfern und rette sie vor der Mülltonne! Mit Holzwäscheklammern, Grillzangen, Kochlöffeln, Besen und Eisstielen kannst du prima basteln und spielen.

Schnelle Klammertiere

Holzwäscheklammern gibt es in verschiedenen Größen. Du kannst sie bemalen und an Sperrholz oder andere Holzreste klammern. So werden sie zu Armen und Beinen, Ohren, Köpfen oder Hörnern. Und im Handumdrehen wohnt in deinem Zimmer ein ganzer Klammer-Zoo!

Drachen

Flügel aus Karton ausschneiden und in eine grün bemalte Klammer stecken. Zwei Perlenaugen ankleben und feurige Papierstreifen ins Maul klammern.

Kleiner Hund

Ein rechteckiges Sperrholzstück anmalen. Kleine Klammern als Ohren und Beine sowie eine Mini-Klammer als Schwanz anheften.

Dinosaurier

Der Körper besteht aus einem Sperrholzrest, daran klammerst du Kopf und Beine. Der Schwanz ist ein Stück Pfeifenreiniger, an den du eine Spitze aus Papier klebst.

Giraffe

Mit viel Glück findest du einen passenden Sperrholzrest für den Giraffenkörper. Oder du sägst ihn dir zurecht. Male ihn an und bringe Klammern als Kopf und Beine an. Als Hörner klebst du zwei Streichhölzer an den Kopf.

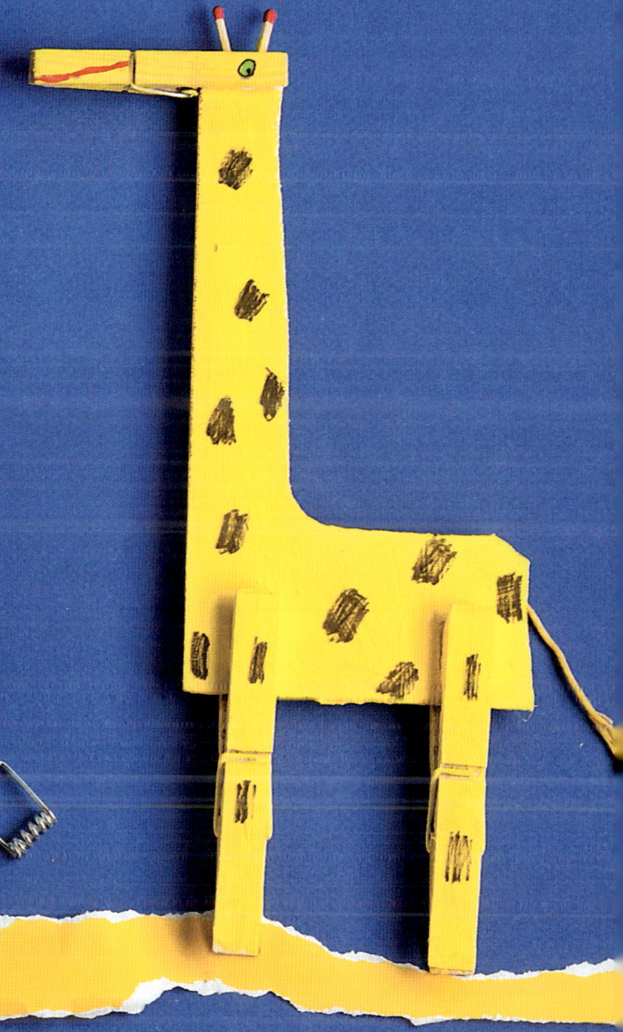

Zebra

Für den Kopf nimmst du das Schnappgewinde aus der Klammer heraus und klebst die beiden Teile wieder zusammen. Klebe die Klammer so auf den Körper, dass das Zebra dich anschaut. Die Spitzen zeigen nach oben, das sind die Ohren.

1. FC Wäscheklammer

Für dieses Tischfußballspiel brauchst du einen kleinen Schuhkarton, lange Holzspieße, Perlen, Wäscheklammern und Papier. Die Anzahl deiner Kicker hängt von der Größe des Schuhkartons ab. Hier besteht jede Mannschaft aus drei Feldspielern und einem Torwart. Der Ball ist eine bemalte Wattekugel.

1 Male die Köpfe der Spieler auf Papier und schneide sie aus.

2 Male die Klammern an und klebe auf jede einen Kopf. Denk daran, dass du zwei verschiedene Trikotfarben brauchst. Die Torwarte bekommen noch Arme aus Papier.

3 Zeichne mit Lineal und Stift Tore auf die beiden kurzen Enden der Schachtel und schneide sie mit einem Cutter aus.

4 Male die Schachtel von innen mit grüner Farbe an.

5 Miss mit einem Lineal die Punkte an den Längsseiten der Schachtel aus, durch die die Holzspieße gesteckt werden. Hier sind es auf jeder Seite vier. Achte darauf, dass die Punkte sich genau gegenüber befinden. Sie dürfen nicht zu tief liegen, da deine Kicker sonst im Boden hängen bleiben.

6 Bohre mit der Scherenspitze Löcher in die markierten Stellen.

7 Stecke die Holzspieße durch die Löcher und klebe Perlen an die Enden.

8 Klammere die Kicker an die Spieße.

Und so wird gespielt: Zwei Mitspieler sitzen sich an den Längsseiten gegenüber. Jeder bedient eine Reihe Feldspieler und den dahinter befindlichen Torwart. Fasst die Spieße an den Perlen an, dreht sie und bewegt sie hin und her, um mit euren Spielern den Ball ins Tor zu schießen oder abzuwehren. Viel Glück!

Kleine Klammerwelt

Ob Insekten, Seiltänzerinnen oder abenteuerlustige Walreiter – aus Holzwäscheklammern lassen sich die tollsten Figuren basteln. Im Nu entsteht eine ganze Klammerwelt!

Seiltänzerin

1 Klebe die Figur wie im Kasten unten zusammen. Feile je eine Kerbe in die beiden Füße der Klammer. Achte darauf, dass die Kerben sich auf einer Höhe befinden.

2 Male die Figur an und verziere sie mit Wolle und Papier. Führe ein etwa 30 Zentimeter langes Stück Draht durch das Loch in der Metallklammer, stecke Perlen auf die Drahtenden und biege die Enden mit einer Zange um.

3 Setze die Tänzerin mit den Kerben auf einen gespannten Faden und halte sie locker zwischen den Fingern, bis die Gewichte ausgependelt sind. Und jetzt loslassen – tadaa!

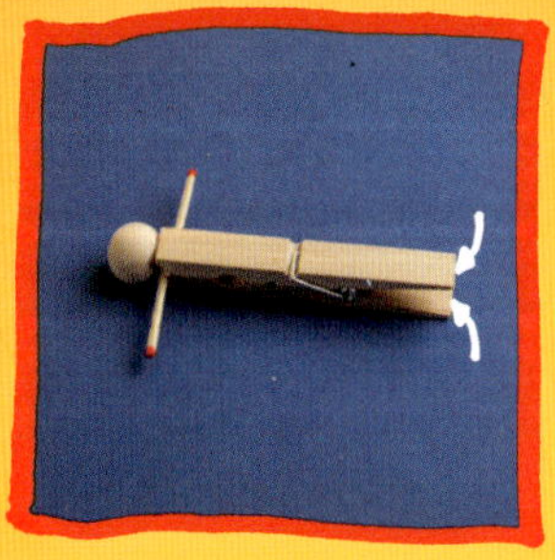

Die Pfeile zeigen dir, wo du die Kerben in die Klammer feilen musst. Eine Holzperle als Kopf und Streichhölzer als Arme an die Klammer kleben.

Flotter Falter

Eine Rundkopfklammer (siehe Kasten auf der rechten Seite) anmalen und mit Glitzerfarben verzieren. Flügel auf Papier malen, ausschneiden und hinter die Klammer kleben. Für die Fühler ein Stück Golddraht um den Hals wickeln und die Enden nach oben biegen.

Freundinnen

Rundkopfklammern anmalen und Haare aus Wolle oder Stoff auf die Köpfe kleben, Streichholzarme seitlich ankleben und die Figuren in je einem Stück Knete aufstellen.

Bastle dir gleich neun Figuren für ein Kegelspiel. Stelle sie auf und versuche, sie mit einer Murmel umzuwerfen. Du kannst auch mit deinen Freunden spielen. Wer schafft zuerst alle Neune?

Nils Holgersson

Hier fliegt Nils Holgersson auf seiner Gans in den hohen Norden. Den Körper des Vogels sägst du aus Sperrholz aus und klebst dreieckige Flügel an.

Die Beine bestehen aus einer gelb angemalten Klammer.

Die Figuren auf dieser Seite sind aus solchen Rundkopfklammern gebastelt.

Walreiter

Die Teile für den Wal (Körper, Schwanzflosse und Brustflossen) aus Sperrholzresten aussägen, anmalen und zusammenkleben.

Nun brauchst du noch ein paar mutige Kinder, die es wagen, auf dem Wal zu reiten!

Nixe

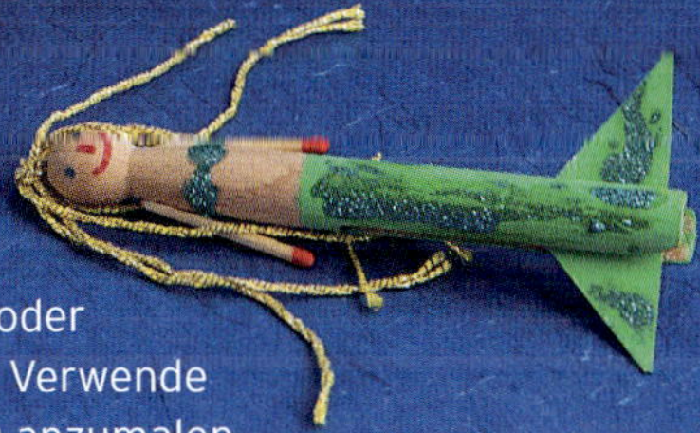

Die Flosse der Nixe kannst du aus Pappe oder Moosgummi ausschneiden und ankleben. Verwende wasserfeste Farben, um die Meerjungfrau anzumalen, dann kannst du mit ihr im Wasser spielen.

Schnapp zu!

Grillscheren aus Holz bekommst du im Baumarkt. Findest du nicht auch, dass sie wie kleine Krokodile aussehen? Und wie sie erst zuschnappen können! Auch Holzwäscheklammern lassen nicht so schnell los, was sie sich einmal geschnappt haben. Deshalb dienen sie dem Zettel-Monster auf der rechten Seite als Zähne. Hier kannst du wichtige Dinge anbringen, an die das Monster dich erinnern soll.

Du kannst auch eine dicke Perle schwarz anmalen und acht Beine aus Tonpapier darunterkleben. Fädle die Spinne auf einen Faden und binde sie anstelle der Perle an das Krokodil.

Scheren-Schnappi

Male das Innere des Mauls rot, den Rest grün an. Klebe eine Holzperle als Auge und eine Zunge aus Papier oder Filz an. Schneide die Zähne aus weißem Papier aus und klebe sie in das Maul.

Knote eine Perle an einen langen Faden und binde diesen an das Maul.

Und so wird gespielt: Nimm die Zange wie eine Schere in die Hand, dann öffne das Maul des Krokodils und schleudere die Perle mit einer schnellen Bewegung in die Luft. Schaffst du es, die Perle mit dem Maul zu schnappen?

Zettel-Monster

Für dieses hilfsbereite Monster brauchst du zwei Din-A4-große Sperrholzbretter. Male sie an und klebe sie als Kopf (Querformat) und Bauch (Hochformat) zusammen.

Klebe Rundkopfklammern als Arme, Dreiecke aus Sperrholz als Ohren und Holzscheiben als Augen und Nase an. Male ein Maul auf und klebe darunter kleine Wäscheklammern als Zähne. Drehe kleine Schraubhaken in das Holz, dann kann dein Monster auch Schlüssel für dich halten.

Sternenhimmel

Schau mal, was für schöne Sterne du aus Holzwäscheklammern, Zahnstochern und Eisstielen basteln kannst! Und es gibt noch viel mehr Möglichkeiten, als du hier siehst. Probiere verschiedene Formen aus, indem du die Holzteile erst einmal nur zusammenlegst. Wenn ein Stern dir gefällt, klebe die Teile zusammen. Die Sterne aus Wäscheklammern sind für einen besseren Halt auf Holzscheiben geklebt.

Engel

Male eine Rundkopfklammer an: Der Engel bekommt ein weißes Kleid, Schuhe und ein Gesicht. Entferne die Metallspiralen von sieben Wäscheklammern. Für die Flügel klebe je sieben Klammerhälften an den Spitzen zusammen.

Noch bevor die Flügel getrocknet sind, klebe sie links und rechts an den Engel und drücke sie fest an. Bemale sie mit Goldfarbe. Klebe Arme aus Streichhölzern und Engelshaar an.

Um den Engel aufzuhängen, bindest du einen dünnen, goldfarbenen Faden um den Hals und knotest in das andere Ende eine Schlaufe.

Du kannst den Engel auch draußen aufhängen.

Sterne

Hier siehst du Sterne in verschiedenen Farben und Formen. Du kannst versuchen, sie genauso nachzubasteln, oder du erfindest ganz neue. Hänge sie in der Adventszeit in dein Fenster oder an den Weihnachtsbaum.

So ein Theater!

Mit diesen lustigen Figuren werden Küche und Kinderzimmer zur Theaterbühne. Ob deine Zuschauer erkennen, dass das Pferdchen mal euer Handfeger war? Und dass ihr mit der Oma früher in der Suppe gerührt habt?

Pferdchen

Aus Pappe Kopf und Ohren ausschneiden und an den Handfeger kleben. Das Zaumzeug ist aus Schleifenband.

König

Einen Holzschaber bemalen. Dann einen Turban aus Schleifenband, einen Eisstiel als Arme und einen Bart aus Wolle ankleben.

Clown

Einen Kochlöffel bemalen und eine Perle als Nase ankleben. Eine Wäscheklammer als Arm befestigen. Den Hut aus Karton ausschneiden und ankleben.

Pirat mit Kind

Für den Piraten brauchst du einen Holzschaber, auf den du einen dreieckigen Hut aus Holz oder Karton klebst. Befestige Rundkopfklammern als Arme.

Das Kind ist eine bemalte Schuhbürste, an die du einen Eisstiel als Arme klebst.

Oma

Kleine Holzscheiben weiß anmalen und als Frisur rings um einen Holzlöffel kleben. Einen Eisstiel als Arme ankleben und einen Stoffschal um den Hals binden.

Hallo, Herr Bürstenkopf!

Traurig oder froh? Bemale einfach beide Seiten!

Flieger und Fächer

Eisstiele sind ein tolles Bastelmaterial. Und auch wenn Eis sehr lecker ist, brauchst du keine Unmengen davon zu essen, um genügend Stiele für die hier gezeigten Flieger und Fächer zu bekommen. Es gibt die Stiele extra für Bastler in verschiedenen Formen und Farben. Vielleicht magst du gleich ein ganzes Paket kaufen. In einer Holzwerkstatt kann man davon nie genug haben.

So viele Flieger

Hier sind nur einige Beispiele für Flieger, die sich aus Eisstielen und Wäscheklammen basteln lassen. Sie bestehen aus ...

... einem Eisstiel und einer halben Wäscheklammer.

... einem Eisstiel, einer Wäscheklammer und einem Heck aus Pappe.

... einem Eisstiel und einer Wäscheklammer. Heck und Cockpit sind aus Pappe.

... einer Rundkopfklammer und zwei Eisstielen. Auf den Rumpf wird die Hälfte einer kleinen Klammer geklebt.

Kannst du erkennen, aus welchen Teilen dieser Flieger besteht? Probiere aus, ihn nachzubasteln!

... zwei Klammerhälften, Rücken an Rücken zusammengeklebt, einem ganzen und einem zurechtgeschnittenen Eisstiel.

Fächeln, bitte!

Ein Fächer sieht nicht nur hübsch aus, sondern sorgt auch für kühle Luft. Er ist der ideale Begleiter für heiße Tage und ein tolles Geschenk für Geburtstagskinder im Sommer. Du brauchst dafür sechs Eisstiele, buntes Papier (zum Beispiel Geschenkpapier oder feste Servietten), ein Stück Draht und Holzperlen als Schmuck.

1 Bohre in ein Ende jedes Eisstiels ein Loch.

3 Lege die Eisstiele so vor dich hin. Nach dieser Form schneidest du das Papier aus, mit dem du den Fächer spater beklebst.

2 Fädle den Draht durch die Löcher und verknote ihn.

4 Bestreiche die Stiele von einer Seite mit Klebstoff und klebe das Papier darauf. Trocknen lassen.

5 Falte den Fächer vorsichtig und bringe das Papier in Form.

Mikado

Dieses jahrhundertealte Geschicklichkeitsspiel besteht aus 41 Holzstäben, die unterschiedlich angemalt werden. Für dein eigenes Mikado brauchst du 41 Schaschlikspieße, außerdem Klebeband, Farben, Pinsel und eine Malunterlage. Auf der rechten Seite siehst du, aus welchen Stäben das Spiel besteht. Als Beispiel zeigt dir die Bastelanleitung, wie die Kulis angemalt werden.

1 Lege die Stäbe für die Kulis nebeneinander auf die Malunterlage und klebe die Stellen, die nicht rot bemalt werden, mit Klebeband ab.

2 Male die Enden der Stäbe rot an.

3 Lass die Farbe trocknen. Dann drehe die Stäbe, klebe sie ab und male sie von der anderen Seite an. Eventuell wiederholen, bis die Stäbe rundherum angemalt sind.

4 Wenn die Farbe getrocknet ist, klebe die Stellen ab, die nicht blau bemalt werden sollen. Dann male die blauen Streifen auf.

5 Male nach dieser Methode alle 41 Stäbe an.

6 Aus einer leeren Papprolle (zum Beispiel für Küchenpapier) kannst du eine Hülle für deine Stäbe basteln. Klebe eine Öffnung mit einem Stück Papier zu und bemale die Rolle. Die andere Öffnung verschließt du mit einem Stück Stoff, um das du ein Gummiband spannst.

Tipp

Wenn du dir ein Mini-Mikado für unterwegs basteln möchtest, verwende statt der Spieße Zahnstocher. Diese Spielvariante ist etwas kniffliger.

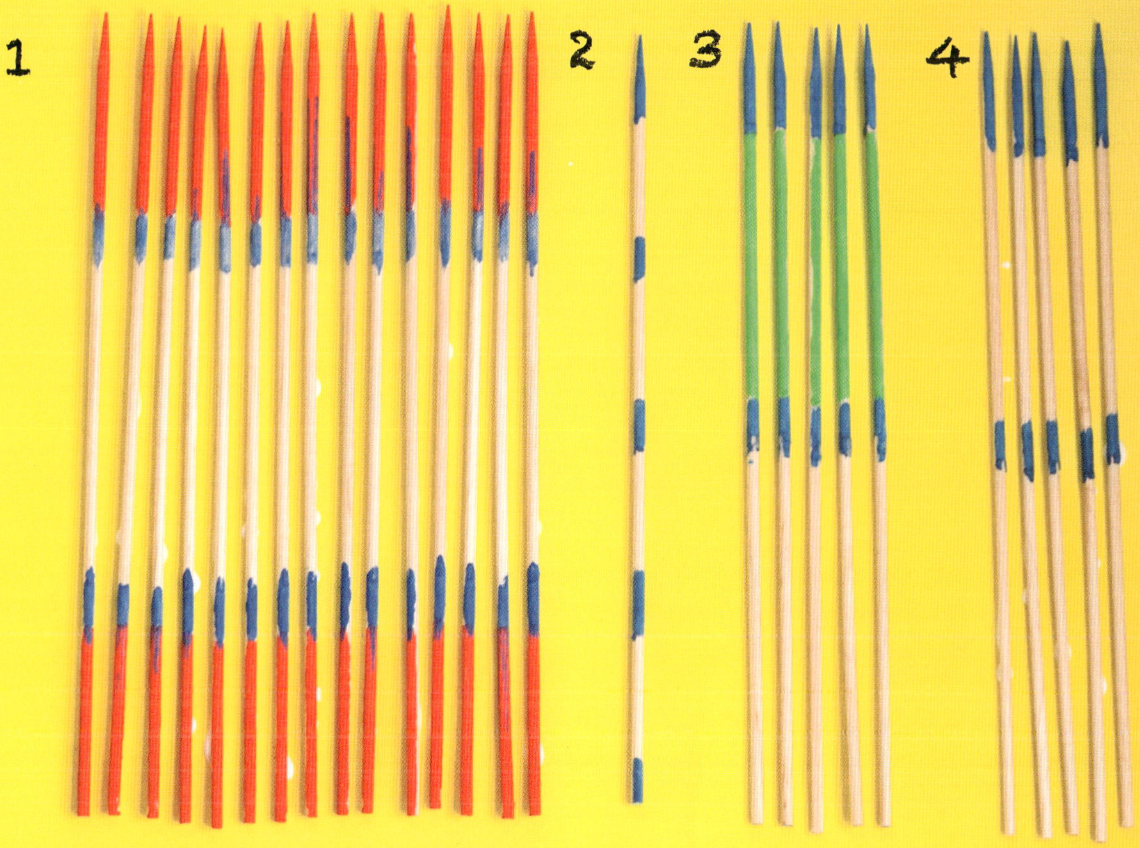

Hier siehst du alle 41 Stäbe des Mikado-Spiels.

Und so heißen sie:

1 Kuli: 15 Stäbe, Punkte pro Stab: 2

2 Kaiser: 1 Stab, Punkte: 20

3 Bonze: 5 Stäbe, Punkte pro Stab: 5

4 Mandarin: 5 Stäbe, Punkte pro Stab: 10

5 Samurai: 15 Stäbe, Punkte pro Stab: 3

Du kannst die Stäbe so wie hier oder auch mit anderen Farben anmalen. Wichtig ist, dass die Stäbe einer Kategorie gleich bemalt sind und dass die unterschiedlichen Stäbe sich den Punkten eindeutig zuordnen lassen

Eisstiele im Advent

In der kalten Jahreszeit isst du wahrscheinlich lieber Plätzchen als Eis. Zum Glück bekommst du Eisstiele das ganze Jahr über auch im Bastelgeschäft. Hier siehst du kleine weihnachtliche Kunstwerke, die du damit herstellen kannst.

Rentier

Klebe drei Stiele zusammen. Nase und Augen bestehen aus Perlen, das Geweih aus Streichhölzern.

Das Haus vom Nikolaus

Dafür brauchst du acht Stiele. Klebe sie zusammen und schneide die überstehenden Teile am Dach ab. Male das Haus an.

Holzhaus

1 Lege zwei Stiele quer vor dich hin (siehe Pfeile) und klebe darauf zehn Stiele längs nebeneinander.

2 Klebe drei Stiele für das Dach zu einem Dreieck zusammen. Beklebe das Dreieck waagerecht mit Stielen und schneide die überstehenden Teile ab.

3 Klebe das Dach auf das Haus und male alles an. Fenster und Türen kannst du auch auf Papier malen, ausschneiden und ankleben.

4 Zum Schluss klebst du zwei weiß angemalte Eisstiele als Giebel fest.

Engel

1. Für den Engel brauchst du neun Eisstiele. Klebe zuerst zwei zu einem Kreuz übereinander. Das sind die Flügel.
2. Klebe drei Stiele nebeneinander auf die Mitte der Flügel. An den beiden äußeren Stielen klebst du zwei weitere leicht schräg an. Das sieht dann aus wie ein Kleid.
3. Den achten Stiel schneidest du in der Mitte durch und klebst die Hälften als Arme an.
4. Für den Kopf steckst du eine Holzperle auf einen Zahnstocher und klebst diesen hinter dem Kleid fest.
5. Den letzten Stiel schneidest du in der Mitte durch und klebst die beiden Hälften als Füße hinter das Kleid

Kleiner Baum

Klebe vier Eisstiele wie im Bild zusammen und schmücke das Bäumchen mit kleinen roten Perlen.

Stall und Krippe

Der Stall wird aus sechs Stielen zusammengeklebt. Für die Krippe schneidest du einen weiteren Stiel in der Mitte durch und klebst die Hälften über Kreuz zusammen.

Klebe ein kurzes Stück von einem Eisstiel hinter die Krippe und male es an. Das ist das Christkind.

Maria und Josef bestehen aus abgesägten Rundkopfklammern. Male sie an und stecke sie auf den unteren Stiel des Stalls.

Dübel, Scheiben, Ringe

Diese vorgefertigten Holzteile findest du im Baumarkt. Schau mal, was du alles damit basteln kannst! Bestimmt hast du noch viel mehr Ideen, wenn du einmal losgelegt hast.

Armband

Du brauchst ein Stück Schleifenband, das ungefähr so breit sein sollte, wie die Holzdübel lang sind. Es muss um dein Handgelenk passen und darüber hinaus lang genug sein, um noch eine Schleife binden zu können. Markiere in der Mitte des Bandes mit einem Bleistift den Bereich, der um dein Handgelenk liegt. Male die Dübel in deinen Lieblingsfarben an und klebe sie auf den markierten Bereich. Trocknen lassen und umbinden.

Blume

Dieses Gänseblümchen ist aus Holzscheiben und Dübeln zusammengeklebt. Klebe einen Holzstab hinter die fertige Blume und male alles an. Vielleicht magst du dir einen ganzen Strauß verschiedener Blumen basteln?

Tipp

Auf diese Weise kannst du auch eine Kette basteln.

Wurfspiel

In ein rechteckiges Brett bohrst du beliebig viele Löcher. Sie müssen so breit sein, dass du die Holzdübel hineinstecken kannst. Male Brett, Dübel und Ringe in bunten Farben an. Ein Dübel und ein Ring sollten dabei immer die gleiche Farbe haben. Wenn die Farbe getrocknet ist, steckst du die Dübel in die Löcher.

Zum Spielen stellst du das Brett in einiger Entfernung von dir auf und versuchst, die Ringe auf die passenden Dübel zu werfen.

Für jeden Treffer gibt es zehn Punkte, triffst du eine andere Farbe, immerhin noch fünf. Wenn du alle Ringe geworfen hast, zählst du die Punkte zusammen.

Untersetzer

Für diesen schicken Untersetzer brauchst du Holzdübel und ein Stück Filz. Klebe die Dübel auf, lass den Kleber trocknen und schneide den Filz rundherum zurecht. Auf diese Weise kannst du gleich mehrere Untersetzer für Teetassen und einen größeren für die Kanne basteln. Fallen dir noch andere Muster ein?

Von der Rolle

Garnrollen aus Holz finden sich in jedem Nähkästchen. Es gibt sie aber auch im Bastelgeschäft zu kaufen – in verschiedenen Größen und in der Menge, die du brauchst. Praktisch: Diese Garnrollen brauchst du nicht erst abzuwickeln!

Sause-Engel

Dieser kleine Engel saust zum Himmel hinauf und auch wieder herunter. Dafür musst du nur die beiden Fäden auseinanderziehen – und wieder loslassen.

1 Bemale für den Himmel ein kleines Brett mit blauer Farbe und klebe nach dem Trocknen einen Mond aus Buntpapier darauf.

2 Drehe einen Schraubhaken in das Brett. Daran hängst du den Engel später auf.

3 Befestige einen Bilderhaken an der oberen Kante des Bretts, damit du den Himmel aufhängen kannst.

4 Der Engel besteht aus einer Garnrolle, auf die du eine Perle als Kopf klebst. Achte darauf, dass die Löcher in Rolle und Perle sich übereinander befinden.

5 Nimm einen ca. 50 cm langen Faden doppelt. Die obere Schlaufe fädelst du durch das Nadelöhr einer Stopfnadel (siehe Kasten) und ziehst mithilfe der Nadel den doppelten Faden durch Rolle und Kopf.

6 Knote zwei Perlen an die beiden Fadenenden.

7 Schmücke deinen Engel mit Flügeln aus bemaltem Papier sowie mit Streichholzarmen und Haaren.

8 Dann hängst du ihn mit der Schlaufe an den Haken.

Renn-Raupe

Vielleicht magst du auch eine Raupe basteln, die an der Wand hochkrabbelt?

Wickel-Wicht

Wickle rote Wolle auf eine Rolle, klebe eine Perle als Kopf und eine Zipfelmütze aus Buntpapier auf. Die Arme bestehen aus abgeknickten Streichhölzern.

Wenn du gerade so richtig schön im Wickel-Schwung bist, bastle noch sechs weitere Zwerge – und Schneewittchen gleich dazu.

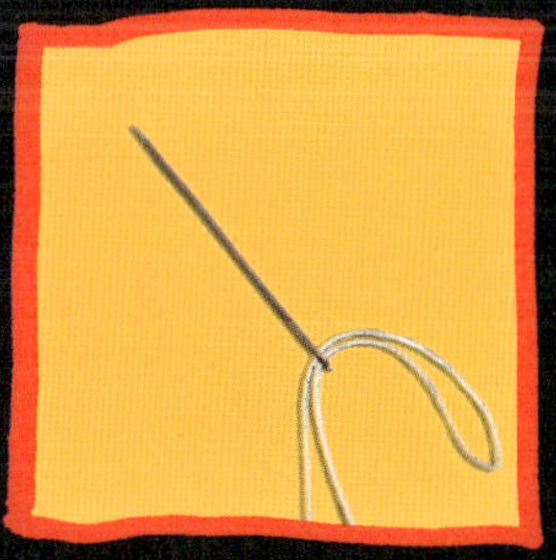

So wird der Faden aufgefädelt

Hampelmann

Für diesen lustigen Hampelmann brauchst du fünf größere und drei kleinere Garnrollen, außerdem elf kleine und eine große Perle.

1 Fädle einen 60 Zentimeter langen Faden auf eine Stopfnadel und lass die beiden Enden gleichmäßig herunterhängen.

2 Du beginnst mit einem Bein des Hampelmanns. Dafür zuerst eine Perle auffädeln und den Faden unterhalb verknoten. Dann zwei große Garnrollen auffädeln.

3 Mit einem weiteren Faden auf die gleiche Weise das zweite Bein auffädeln.

4 Beide Fäden durch eine große und eine kleine Garnrolle führen. Sie bilden den Bauch.

5 Einen Faden durch die gelbe und die große Perle führen, dann verknoten, sodass der Kopf nicht verrutschen kann. Den Faden an einen Stab knoten.

6 Den zweiten Faden durchschneiden. Für die Arme jedes Ende durch jeweils drei Perlen, eine kleine Garnrolle und eine weitere Perle führen. Mit einem Knoten fixieren und die Fäden ebenfalls an den Stab binden.

7 Eine spitzes Dreieck aus Filz ausschneiden und an den Kopf kleben.

Holzwolle

Holzwolle besteht aus langen Holzfäden. Sie wird als Füll-, Polster- und Isoliermaterial gebraucht. Auch zur Verpackung von zerbrechlichen Gegenständen kann man sie verwenden. Und natürlich zum Basteln, denn Holzwolle ist sehr gut formbar!

Hase

1 Forme eine kleinere und eine größere Kugel aus Holzwolle und umwickle sie zum besseren Halt mit Bindfäden. Die Enden der Fäden verknoten.

2 Stecke die beiden Kugeln mit einem Zahnstocher zusammen und fixiere sie zusätzlich mit Klebstoff. Das sind Kopf und Bauch des Hasen.

3 Schneide Arme und Ohren aus Pappe aus und klebe sie an.

4 Klebe Knopfaugen, eine Perle als Nase und einen Mund aus Filzstreifen an.

5 Setze deinen Hasen in ein Nest aus Holzwolle oder gefärbtem Ostergras und binde ihm eine Schleife um den Hals. Vielleicht magst du noch Eier oder Schokolade in das Nest legen.

Schaf

Im Innern dieses Schafs befinden sich zwei etwa 10 Zentimeter lange Leisten. Sie sorgen für den nötigen Halt.

1. Klemme zwei Rundkopfklammern an jede Leiste (siehe Kasten).
2. Lege etwas Holzwolle zwischen die beiden Leisten. Dann forme um dieses Gerüst herum mit weiterer Holzwolle den Körper des Schafs.
3. Halte die Holzwolle fest zusammen und stelle das Schaf probeweise hin, ohne es loszulassen. Eventuell die Position der Leisten und Beine anpassen, damit das Schaf einen guten Stand hat.
4. Die Holzwolle mit Bindfäden umwickeln und die Enden verknoten.
5. Ohren aus Pappe und einen Mund aus Filz ausschneiden und ankleben. Perlen als Augen ankleben oder mit Stecknadeln feststecken. Mäh!

Hier grast das Schaf auf einer Wiese.

Du kannst die Klammern zusätzlich mit Leim fixieren.

Himmelbett

Dieses himmlische Bett wird aus einer kleinen Obstkiste (etwa 20 x 30 Zentimeter) und zwei Grillzangen gebastelt. Findest du nicht auch, dass es einer Prinzessin würdig ist? Vielleicht magst du ja eine getrocknete Erbse darin verstecken und das bekannte Märchen nachspielen.

Prinzessin

Ein 10 Zentimeter langes Kantholz mit 4 Zentimeter Kantenlänge bemalen. Haare aus Wolle zuschneiden und an den Kopf kleben. Schuhe und eine Krone aus Goldpapier ausschneiden und ankleben.

Himmelbett

Neben der kleinen Obstkiste für den Korpus des Betts brauchst du eine weitere Obstkiste, genauer gesagt die dreieckigen Hölzer, die sich in den Ecken der Kiste befinden. Löse sie mit einer Zange heraus. Das werden die Bettpfosten.

Obstkiste umdrehen und die Bettpfosten auf die Ecken kleben. Nach dem Trocknen das Bett richtig herum hinstellen.

Die Hälfte einer Holzgrillzange an das Kopfende leimen. Die zweite Grillzange spreizen und an die Seiten kleben. Beide Teile verbinden, indem du einen Eisstiel darüberklebst.

Das Bett anmalen und die Pfosten mit Holzperlen verzieren.

4 Schmücke das Bett mit schönen Stoffen oder Papieren.

Gartenlaube

In einer flachen Obstkiste kannst du dir einen kleinen Garten mit Laube anlegen – auch im Winter! Steine, Blumen, Hölzer, Kräuter, Tiere aus Papier ... Gestalte und schmücke deinen Garten, wie es dir gefällt.

Garten

1 Lege den Boden der Kiste mit Frischhaltefolie aus und fixiere die Ränder mit Klebeband.

2 Säge ein Stück aus der Umrandung der Obstkiste heraus. Das ist der Eingang zu deinem Gärtchen. Bringe zwei Rundkopfklammern als Torpfosten an.

3 Klebe einen Zaun aus Zahnstochern (Längsstreben) und Schaschlikspießen (Querstreben) rund um die Obstkiste.

4 Schütte Blumenerde in die Kiste und gestalte deinen Garten.

Laube

Hier siehst du, wie du aus den Seitenteilen einer Obstkiste und aus einer Pappschachtel eine kleine Gartenlaube bastelst. Wenn es schnell gehen soll, kannst du die Schachtel auch einfach als Häuschen bemalen.

1

Schneide die Latten für die Laube aus den Seitenteilen einer Obstkiste zurecht.

2

Schneide eine Tür in die Pappschachtel. Beklebe die Schachtel rundherum mit den Latten.

Für das Dach klebst du zwei Dreiecke aus Latten zusammen, dann zurechtgeschnittene Streifen hinter die Dreiecke.

Klebe die Dreiecke vorne und hinten an das Haus. Das sind die Giebel.

Klebe zwei Streifen Tonkarton zwischen die Giebel. Beklebe sie mit Latten und male diese rot an.

Die Holzlok kommt!

Zwei Obstkisten und ein Rolluntersetzer für Pflanzen (gibt es im Baumarkt) werden im Nu zu einer Lok. Darin kannst du zum Beispiel Bauklötze oder Holzreste aufbewahren. Und steht sie einmal im Weg, schiebst du sie einfach woanders hin.

Hefte die beiden Kisten mit einem Basteltacker zusammen, zuerst an den Rändern, dann innen. Bemale die Lok in deiner Lieblingsfarbe. Leime ein Brett auf die untere Kiste. Es sollte so groß sein, dass es etwa die Hälfte der Kiste bedeckt. Darauf kommt der Schornstein: eine mit Tonpapier beklebte Dose. Den Rolluntersetzer kannst du unter die Lok leimen oder die Lok einfach nur daraufsetzen.

Du kannst mit der Lok auch draußen spielen.

So werden die beiden Kisten zusammengetackert.

So sieht der Rolluntersetzer aus.

Zaunzwerge

Zaunpfähle gibt es in runder und eckiger Ausführung sowie in verschiedenen Stärken und Längen. Du bekommst sie im Baumarkt. Vielleicht findest du aber auch im Schuppen oder in der Gartenlaube ein paar ausgediente Pfähle. Reinige sie mit Wasser und einer Bürste, bevor du damit arbeitest.

Damit man die Pfähle in den Boden rammen kann, sind sie unten zugespitzt. Das sieht aus wie eine Zipfelmütze, und deshalb lassen sich auch so toll Zwerge, Weihnachtsmänner und Wichtel daraus basteln.

Wichtel oder Buntstift

Der Wichtel besteht aus einem schmalen Zaunpfahl. Säge ihn auf die gewünschte Länge zu. Klebe einen Eisstiel oder eine kleine Leiste als Arme an. Bemale die Figur und klebe ihr einen Bart aus Wolle an. Vielleicht magst du eine ganze Wichtelfamilie basteln und im Garten aufstellen?

Oder du malst einen Zaunpfahl einfach in deiner Lieblingsfarbe an – fertig ist der Riesenbuntstift.

Gartenzwerg

Dieser fröhliche Zwerg war mal ein alter Zaunpfahl. Er wurde mit Wasser und Bürste saubergeschrubbt und dann mit wasserfesten Farben bemalt.

Die Arme bestehen aus Leisten. Schraube, leime oder nagle sie an deinen eigenen Zwerg. Unten in die Leisten kannst du Hakenschrauben drehen und daran kleine Körbe, Schaufeln oder andere nützliche Gartengeräte hängen.

Wie du die Blume bastelst, steht auf Seite 142.

So sah der Pfahl vor dem Abbürsten aus.

Hier steht der Zwerg im Garten.

Vogelscheuchen

Alte Besen kehren gut! So lautet ein bekanntes Sprichwort. Aber wusstest du auch, dass man prima damit basteln kann? Diese Vogelscheuchen sind aus allen möglichen Holzresten und alten Holzgegenständen zusammengeschraubt und -geleimt. Dabei kannst du dich nach Herzenslust austoben, denn Vogelscheuchen dürfen ruhig schräg und wild aussehen. Einzige Regel: Achte darauf, dass der Stab, an dem alles befestigt ist und der in die Erde gerammt wird, die Last des Holzes tragen kann!

Kleine Vogelscheuche

Zum Üben magst du vielleicht mit einer kleinen Vogelscheuche beginnen. Male einer Latte ein Gesicht auf und klebe eine alte Spülbürste als Frisur auf den Kopf.

Die Arme sind der Stiel eines alten Borstenpinsels, du kannst aber auch andere Holzreste dafür verwenden.

So eine Mini-Vogelscheuche macht sich im Blumenkasten auf dem Balkon gut. Um ungebetene Gäste zu verscheuchen, sollte sie noch ein wenig Lärm machen. Fädle Garnrollen, Perlen und Kronkorken auf Schnüre und binde sie an die Arme. Bei Wind klappern diese Dinge gegeneinander und gegen den Körper der Vogelscheuche.

Große Vogelscheuche

Die Längsachse dieser Vogelscheuche besteht aus einer 5 Zentimeter breiten und 150 Zentimeter langen Holzlatte. Der Kopf ist aus einem Stück Spanplatte zurechtgesägt. Ein alter Schrubber dient als Frisur, der Griff eines ausgedienten Spatens als Arme. Mit weiteren Holzresten kannst du deine eigene Vogelscheuche ganz individuell gestalten. Diesem Exemplar wurde ein Schraubhaken als Hand eingedreht. Daran hängt das Windspiel von Seite 121.

Aus diesen Teilen ist der Kopf zusammengeklebt und -genagelt.

Tipp

Du kannst die Vogelscheuche auch in einem großen, mit Blumenerde gefüllten Blumentopf aufstellen.

Holzköpfe

Dieser stattliche Kopf ist aus einem ganz besonderen Fund gefertigt: einem 2 Meter langen Stück Treibholz. So etwas findet man nicht alle Tage und hat auch nicht immer die Möglichkeit, es zu transportieren. Doch manchmal hat man Glück!

Auch ohne Bemalung ist das durch Wasser blank polierte Holzstück schön anzusehen.

Dieser dicke Ast wurde noch im Wald zu einem König gekrönt.

Galerie aus Holzfundstücken

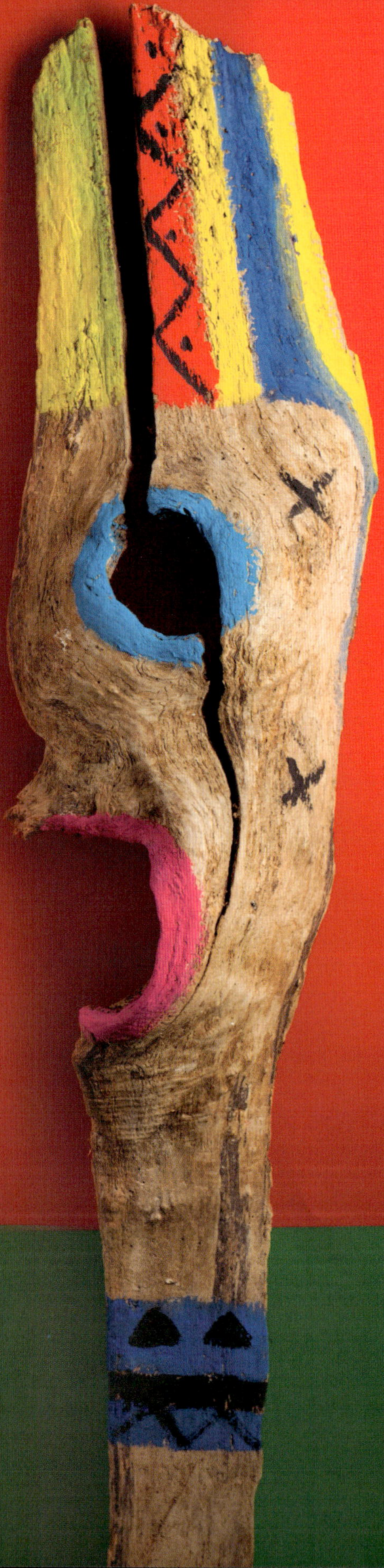

Liebe Eltern, Erzieherinnen und Erzieher und andere Erwachsene,

in diesem Buch wende ich mich mit dem vertrauten „Du“ an kleine und große Leser. Nun möchte ich aber in erster Linie Sie, die „Großen“, ansprechen: Holz ist ein sehr vielfältiges Material. Es gibt unglaublich viele Dinge, die man damit tun kann – viel mehr als Sägen und Hämmern. Deshalb ist der Ansatz in diesem Buch ein sinnlicher und spielerischer. Haben Sie Lust mitzuspielen? Ich lade Sie herzlich dazu ein!

Schon der nächste Waldspaziergang kann zu einem spannenden Streifzug werden: Sieht dieser Zweig nicht aus wie eine Schlange? Jener wie ein Drache? Der dicke Ast wie ein Zwerg? Vielleicht mögen Sie Ihre Fantasiefiguren mit Knete, Farben und anderen Materialien zum Leben erwecken!

Hier kommt der handwerkliche Aspekt ins Spiel. Kinder und Erwachsene erfahren, was es heißt, ein Holzstück zu bearbeiten, mit ihm zu arbeiten. Malen und Kleben sind Bastelschritte, die meist recht schnell gehen, aber im Umgang mit Holz sind manches Mal auch Geduld und Übung gefragt. Die Bastelanleitungen in diesem Buch sind bewusst einfach gehalten. Es geht nicht um Perfektion, sondern um eine erste Begegnung mit dem spannenden Werkstoff Holz. Darum finden Sie in diesem Buch auch immer wieder Farbkleckse, Späne und die eine oder andere „schief gesägte“ Kante. Sie gehören zum Basteln dazu! Möchten Sie eine bestimmte Technik verfeinern, ist ein Blick in weiterführende Literatur empfehlenswert. Und das Internet bietet eine Vielzahl anschaulicher Videos.

Natürlich wird in einer Holzwerkstatt auch gesägt, gebohrt und geschnitzt. Das können Kinder (mit Unterstützung) ab etwa vier Jahren. Geschicklichkeit und Entwicklungsstand spielen eine große Rolle. Bei aller Vorsicht, die der Umgang mit Werkzeugen gebietet, sollten Sie beim ersten Hämmern aber nicht zu ängstlich sein. Auch ein blauer Daumen ist eine Erfahrung, die zum Werken dazugehört. Beachten Sie trotzdem die Sicherheitstipps auf Seite 12.

In diesem Buch wird aber auch gemalt und geklebt oder einfach nur gepuzzelt und gespielt. Beginnen Sie im Zweifelsfall mit etwas Einfacherem. So können Kinder mit dem Werkstoff Holz wachsen.

Viel Spaß in der Holzwerkstatt!

Hallo!

Mein Name ist Sabine Lohf. Hier sitze ich inmitten der Basteleien, die für dieses Buch entstanden sind. Über 150 Modelle sind es geworden, mehr passte einfach nicht zwischen die Buchdeckel. Nach und nach zogen immer mehr lustige Figuren, Kunstwerke und allerlei praktische Dinge aus Holz in mein Atelier ein. Da ist es ganz schön eng geworden!

Als ich einmal unterwegs war, um Holz zu sammeln, habe ich etwas Schönes entdeckt: ein Brückengeländer, an dem lauter verschiedene Holzstücke hingen. Seitdem habe ich diese kleine Galerie in der Natur noch öfter besucht und jedes Mal finde ich dort neue Dinge. Bei einem meiner letzten Spaziergänge nahm ich Bindfaden und Schere mit und habe selbst etwas dazugehängt. Warum also die Holzwerkstatt nicht auch einmal nach draußen verlagern? Die Natur kann ein riesiges Atelier ein. Probiere es einmal aus!

ISBN 978-3-8369-5747-2

ISBN 978-3-8369-5796-0

ISBN 978-3-8369-5938-4

ISBN 978-3-8369-6006-9

Meine Bücher und Projekte findest du unter www.sabine-lohf.de.